年金ゼロでやる老後設計

Retirement life designs without reliable pension

本当は2000万円ではなく1億円足りない!?

浅井隆

第二海援隊

プロローグ

政府のウソにだまされないために

あなたの年金もうありません!! ゼロとは言わないが、減額とインフレで今の価値の三分の一。これでは到底生活できない——一〇年後の日本は、まさにそういう状態に陥っていることだろう。

なぜなら、新型コロナが日本国の将来の破産を〝当選確実〟なものにしてしまったからだ。今回のバラ撒きだけは仕方のないことだとはいえ、国の財政という観点から考えたならば、最後のダメ押しをしてしまったと言ってよい。

そこでやはり気になるのが、私たちの〝老後の虎の子〟とも言うべき年金のことだ。国が破産して円の信用が落ちれば、ハイパーインフレがやってきて年金も紙キレとなってしまう。

すでに忘れている読者も多いと思うが、この新型コロナの前に「年金二〇〇〇万円問題」というものが日本中の話題をさらったことがある。そう、二〇一九年は「水害」と「二〇〇〇万円問題」が世の中の話題の中心だった。水害は天災だが、二〇〇〇万円足りない問題は明らかに〝人災〟であり、この国の戦後政治を長らく牛耳ってきた自民党による大失策と言ってよい。

年金も含む社会保障制度といい、少子高齢化という致命的な問題といい、要はこの国の政治家と官僚たちが国家をめぐる長期的視野と戦略を持たず、場当たり主義とその場しのぎでやってきたツケが、いよいよその本性を現わし始めたということだ。

そもそも、この国（地方も含む）の借金はGDP比では主要国中最大最悪で、そう遠くない将来（それは一〇年以上先ではない。といって一、二年は何も起こらないだろうが）財政破綻することは必至で、その場合、日本国の血液とも言うべき円は大きく価値を減らし、紙キレとまでは行かなくとも二〇三〇年頃には現在の二分の一～三分の一くらいの価値になってしまう可能性が高い。

つまり、一ドル＝二〇〇～三〇〇円超えという信じがたい状況に陥るかもしれない。そういう問題も含めて検討して行くと、『本当は二〇〇〇万円ではなく一億円足りない』という空恐ろしい結末が私たちを待ち構えている。

それが本当なのか、そしてもし本当だとしたら、どうすれば私たちの老後を救うことができるのか。

本書は、その方法を伝え、皆さんの救世主となるサバイバルの本である。

さらに、政府や政治家はいかに平気でウソをつくかについても考察を行なっているので参考にしてほしい。いずれにせよ、本書を最後までしっかりお読みいただき、皆さんの大切な老後資金を守れるよう行動を起こしてほしい。

くれぐれも、政府のウソにだまされないように。なにしろ、それは「オレオレ詐欺」よりもはるかに巧妙で、規模も壮大なものだから。

浅井　隆

二〇二〇年一〇月吉日

年金ゼロでやる老後設計——目次

第五章　よく計算してみれば、やはり一億円必要だ！

第六章　ハイパーインフレで年金も紙キレに
――本当は一〇億円必要⁉

第七章　誰があなたを介護するのか
――遅かれ早かれ破綻する社会保障制度

第八章　最後に大損するのは国民だ‼
――やはり徳政令でチャラに

※注　本書では引用文以外、一ドル＝一〇五円で計算しました。

第一章　二〇三〇年の日本

日本はこうして潰れて行く

二〇三〇年は、それほど遠い未来ではない。今から一〇年後の話である。逆にいうと、二〇一〇年のことを思い出してほしい。あなたは何をしていただろうか。リーマン・ショックの傷が少しずつ癒えている頃で、あの東日本大震災の前年のことである。「一〇年ひと昔」というが、一〇年などあっという間だ。だから、二〇三〇年もあっという間にきてしまうことだろう。

しかし、これから始まる一〇年は、あなたにとって忘れがたい一〇年となるかもしれない。『2020年の衝撃』（第二海援隊刊）という本にも詳しく書いたが、二〇二〇年から二〇二二年にかけて、世界は「大恐慌」という経済事件に見舞われることだろう（すでにコロナ禍によって一部の産業は大恐慌に匹敵する惨状を呈しているが）。そして少し時間差をおいて、二〇二五年頃から前兆が現われて二〇三〇年頃にはその本番に突入する「国家破産」が、その恐るべき姿を私たちの前に現し始めるはずだ。

ここで気を付けてほしいのは、恐慌も大変な経済災害だが、国家破産はその一〇倍もひどい被害をおよぼす大災害だという点だ。このことだけは肝に銘じておいてほしい。

では、なぜ世界大恐慌がやってくるのか。そして、その次に時間差をおいて国家破産が襲ってくるのか。その本当の理由を、これからわかりやすく説明することにしよう。

まず世界大恐慌だが、大好況（＝巨大バブル）の後には、決まってとんでもないレベルの不況（それを大恐慌と呼ぶ）がやってきている。これは、いつも変わらない歴史上のお決まりのパターンだ。なにしろ、あのアメリカ発の世界大恐慌（一九二九〜三九年）がやってくる前の一〇年間は、アメリカは「狂騒の二〇年代」と言われ、株も不動産も天井知らずに上がり、人々は未曽有の繁栄を謳歌し乱痴気騒ぎを繰り返していた。誰一人として株も不動産も下がるなどとは思わなかったために、借金をして投機にのめり込んだ。

ところが、一九二九年の一〇月を境に市場は大逆回転を起こし、今度は未曽有の下落と大不況の地獄に叩き落とされた。人々は阿鼻叫喚の中で全財産を失い、無数の人々がニューヨークの摩天楼から身を投げた。そして、株価が底を打ってからも地獄は続き、その一年後の一九三三年（株の天井から四年後）には、「全銀行閉鎖」という非常事態に追い込まれた。

それから六〇年後の日本でも、まったく同じことが起きた。一九八〇年代後半に日本の株と不動産は棒上げ状態となり、人々はバブルの波に踊った。そして一九八九年年末、株も不動産も天井に到達し、その後「バブル崩壊」という戦後初めての長期大不況に突入した。金融システムに動揺が走り、多くの銀行と生保が消えて行った。「失われた二〇年」という言葉が生まれるほど、デフレと得体の知れない閉塞感が充満し、「就職氷河期」という表現まで登場した。

その後「アベノミクス」が登場し、黒田日銀による「異次元緩和」が断行され、リーマン・ショック後の海外の異常な低金利とも相まって「不況下のマネー氾濫」という前代未聞の状況に突入した。そして、全世界的超金融緩和のおかげで世界的株高、不動産バブル、そこそこの長期好景気がやってきて、日本も人手不足といわれるほどの経済状況となった。

しかし、その間に政府の借金はさらに増え、少子高齢化の波はさらに押し寄せ、将来への不安は消えないまま不思議なトキが過ぎて行った。

そして、ついにこのコロナ大災害がやってきてしまった。業種によっては需要が瞬間的に消滅し、四―六月期のＧＤＰはリーマンを超える世界大恐慌並みの落ち込みとなった。まさに、「コロナ大不況」とも呼べる状況だ。

しかし、ここにまったく不思議な現象が出現することとなった。株価は三月の大暴落の後どんどん回復し、米ナスダックに至っては史上最高値を更新したのだ。さらに、企業倒産もそれほど増えていない。

これには明確なわけがある。世界中の中央銀行（ＦＲＢから日銀まで）がここぞとばかりにマネーを市中にバラ撒き、政府もなりふりかまわず支援を繰り返したからだ。しかし、それにも限度がある。この麻薬が切れた時、本当の世界大恐慌がやってくる。

金利が暴騰することの恐怖

では、この章のタイトルの「二〇三〇年の日本」は、本当にどのようなことになっているのか。その状況を考える上で、一つ空恐ろしい現象についてお話ししておこう。

それは、日本が台風や水害で大騒ぎしている二〇一九年の秋にアメリカで発生した。日本のマスコミではほとんど報道されなかったので、ここにその概要を記しておこう。

世間一般ではまったく知られていないが、世界で最も重要な経済指標の一つに「レポ金利」と呼ばれるものがある。要は、全世界の大銀行や大企業が決済のための超短期資金（ドル）を日々やり取りするコール市場の金利のことで、これこそが現代の資本主義の心臓部なのだ。ここで何か異常なことが起きれば、文字通り〝世界が吹き飛ぶ〟。

この資本主義の〝最中枢〟で、二〇一九年の秋にとんでもないコトが起きたのだ。しかも〝ある日突然に〟だ。

アメリカの中央銀行であるＦＲＢは、このレポ金利を二～二・五％に誘導し、その前日までは何事もなかった。ところがその日、世界で最も重要なこの金利が一瞬にして一〇％まで跳ね上がったのだ。

市場関係者は、一体何が起きたのかまったく理解できなかった。言ってみれば、皆さんの体温である三六度がある日突然、何の前触れもなしに四倍の一四〇度になったようなものだ。人間ならば即死だ。あるディーラーは相棒に「オイ、このコンピュータはイカれちまったぜ。レポ金利が一〇％になっちゃったよ。故障にしてもひどすぎる」と叫んだという。まともな人間ならば絶対信じないような、異常なコトが現実に起きたのだ。

慌てまくったＦＲＢは、傘下のニューヨーク連銀に命令して日本円で約六兆円もの資金をたった一日の間に投入し、なんとか押さえ込んだ。しかも、それでもコトは収まらず、ニューヨーク連銀は真っ青になりながら連日兆円単位のお金を逐次投入して、やっと落ち着くという綱渡りの状況が続いた。

では、この事件の真犯人とは誰か。今、関係者の間で「多分、こいつだろう」と噂されているのは、「ＱＥ」だ。ＱＥとは「Quantitative Easing」の略で、「量的緩和」のことだ。量的緩和とは中央銀行が市場に大量に資金を供給することで、二〇〇八年のリーマン・ショック以降全世界の中央銀行がやってきたことだ。

要するにこういうことだ。アメリカの中央銀行であるＦＲＢが、ＱＥをやりすぎたためにその副作用という形で突然金利が暴騰したというのだ。

ではコロナ後、このレポ金利の問題はどうなったのか。ＦＲＢはこのレポ市場どころか、あのゾンビ企業にお金を貸すＣＬＯ（かつてのリーマンの引き金となったのが不動産を本来買えない人にローンを組ませるためのＣＤＯだったが、その企業版をＣＬＯといい、近年大人気となっていた）をさえ支えるためにどんどんマネーをバラ撒いている。

つまり、ＱＥをはるかに超えるスーパーハイパーＱＥを実施しているのだ。

このままでは、アメリカも含めて全世界が数年後にハイパーインフレに巻き込まれるかもしれない。

ここまで聞いて、読者の一部は身の毛がよだったことだろう。そう、このQEを世界で一番長く、しかも極端な形でやっているのがこの日本の中央銀行である「日銀」だからだ。ということは、この日本で将来、ある日突然金利が暴騰するトキがやってくるということだ。とすると、その日こそ「政府が破産する日」ということになる。

私の予測では、それは二〇三〇年までにはやってくる。しかも、日本の少子高齢化はもう誰にも止められない。老人はますます増え、働き手や若い人はますます減る。そうした中で、借金だけは増え続けている。これで政府が破産しない方がおかしい。

では、破産したらどうなるのか。円の価値が急速に下落する。「インフレ」と「円安」だ。日本は、原油と食糧の大部分を輸入に頼っている。それらの価格が暴騰するのだ。そして、預金と年金の価値はどんどん目減りする。私の予測では、円の価値は二〇三〇年には少なくとも今の二分の一（つまり一ドル＝二〇〇円）となり（下手をすると、二〇三〇年で三分の一）、二〇三五年には三分の一（つまり一ドル＝三〇〇円）になっている。

年金の支給額自体が減らされ、二〇三〇年には今の三分の二となり、円の価値自体が二分の一とすると、二〇三〇年には年金の実質価値は今の三分の一になってしまう。今、月一八万円もらっている人は六万円で生活しろということだ。これでは生きて行けない。豊かな老後は、無残な老後に暗転してしまう。食うに困ったシルバーたちの犯罪や自殺が多発する、異様な社会となっていることだろう。

というわけで、二〇三〇年の日本は文字通り「生き地獄」となっている。

しかし、心配する必要はない。本書をしっかりと読み、ちゃんとした手を打てば何の問題はない。それどころか、逆にかなり資産が殖えるという結果になっているはずだ。その手とは何か。本書でこの後、明かされることになる。

第二章　アベノミクスとは何だったのか
――ウソに気付かない国民

「日銀のETF買い三倍！　アンビリーバブル!!」

二〇二〇年、最長政権も病気を理由に終了したが、菅政権下でもアベノミクスは継続される見通しなので、本章ではアベノミクスについて論じようと思う。二〇二〇年九月一六日、憲政史上最長となった第二次安倍政権が幕を閉じた。第一次政権の時はわずか一年の短命政権だったし、その後のわが国の首相は民主党政権時も含めて皆一年前後の短命続きであったから、第二次安倍政権の安定ぶりは際立っていた。

長期間政権を維持している要因について、当時の菅官房長官は二〇一九年一一月一九日に「やるべきことを明確に掲げて政治主導で政策に取り組んできた。中でも一貫しているのが経済最優先であり、経済状況は大幅に改善している」と述べた。確かに、民主党政権時と比べると多くの経済指標は改善した。一万円前後でうろうろしていた日経平均株価は、二万円を大きく超えた。完全失業率（弊社編集部注：労働力人口〈一五歳以上の働く意欲のある人〉のうち、完全失業者〈職がなく、求職活動をしている人〉が占める割合）は五～四％台だったのが、二〇一九年度には二・四％にまで下がった。

確かに、こういった指標がアベノミクスによって改善されたのは事実だ。しかし、その内実をよく見て行くと、手放しで喜ぶわけには行かなそうだ。

たとえば株価だが、株価上昇の一因が日銀による株価指数連動型上場投資信託（ＥＴＦ）買い入れにあることは誰も否定できないだろう。アベノミクス以前から、日銀によるＥＴＦ買い入れは始まっていた。日銀によるＥＴＦの買い入れが初めて実施されたのは、二〇一〇年一二月。ただその時は、残高上限は四五〇〇億円、期限は二〇一一年一二月末とされていた。

大きく変わったのは、第二次安倍政権がスタートし、「アベノミクス三本の矢」の第一の矢として「大胆な金融政策」が放たれてからだ。

新たに就任した黒田東彦日銀総裁の下、二〇一三年四月「量的・質的金融緩和」いわゆる「異次元緩和」が始まった。この時決められた日銀によるＥＴＦ

保有残高は、年間一兆円の増加であった。円安も相まって株価はどんどん上がり、日経平均株価は年間で五七％も上げ四一年ぶりの上昇率を記録。一二月三〇日の大納会は、一万六二九一円三一銭と約六年一ヵ月ぶりの高値で引けた。

しかし、二〇一四年に入ると株価は低迷。一万五〇〇〇円前後で推移する。そこで、再び「黒田バズーカ」が炸裂する。二〇一四年一〇月三一日、黒田総裁は追加緩和を発表した。午後一時四〇分過ぎに追加緩和の決定が伝わった直後から、株価は上げ幅をぐんぐんと広げた。「追加緩和を行った時期についても、資産買い入れの内容についてもサプライズ」（野村証券の若生寿一エクイティ・マーケット・ストラテジスト）との声が広がり、一万五九〇〇円近辺で推移していた日経平均は、午後一時四四分～四八分までのわずか四分間で四〇〇円超上昇した。この日の終値は、前日比七五五円五六銭（四・八三％）高の一万六四一三円七六銭。この年、最大の上げ幅となった。

この時の追加緩和の中身は、長期国債の購入額を年間五〇兆円から八〇兆円に増やすことと、ＥＴＦと不動産投資信託（ＲＥＩＴ）の保有残高増加額は共にこれまでの三倍、年間約三兆円と年間九〇〇億円に増やすというものであった。このうち、株価の急騰に大きな影響をおよぼしたのは、もちろん後者である。この衝撃は、海外にまでおよんだ。

発表時、アメリカは深夜であったにも関わらず、ニューヨークの日本株担当者たちの間では緊急メールが飛び交い、電話ラッシュに見舞われた。「ＥＴＦも年間保有三兆円へ、ＲＥＩＴも九〇〇億円へ、それぞれ三倍へ増加！」「Are you sure ?」（本当かい？）「アンビリーバブル‼」（信じられない‼）。それくらい日銀のＥＴＦ買い入れ三倍増は衝撃的で、株価押し上げ効果があったのだ。

その後、順調に上昇して行った日経平均株価は、二〇一五年四月には二万円を超える。しかし年後半から軟調に転じ、一二月三〇日の大納会は一万九〇三三円七一銭で引けた。これは年末の終値としては四年連続の上昇で、バブル経済崩壊後の一九九六年以来一九年ぶりの高値を付けたものの伸び悩み感は否めず、毎日新聞は「東証一時二万円台　後半息切れ二〇一五」と報じた。

年明け二〇一六年の大発会は、いきなり五八二円七三銭（三・〇六％）もの

チャート（月足）

日経平均株価

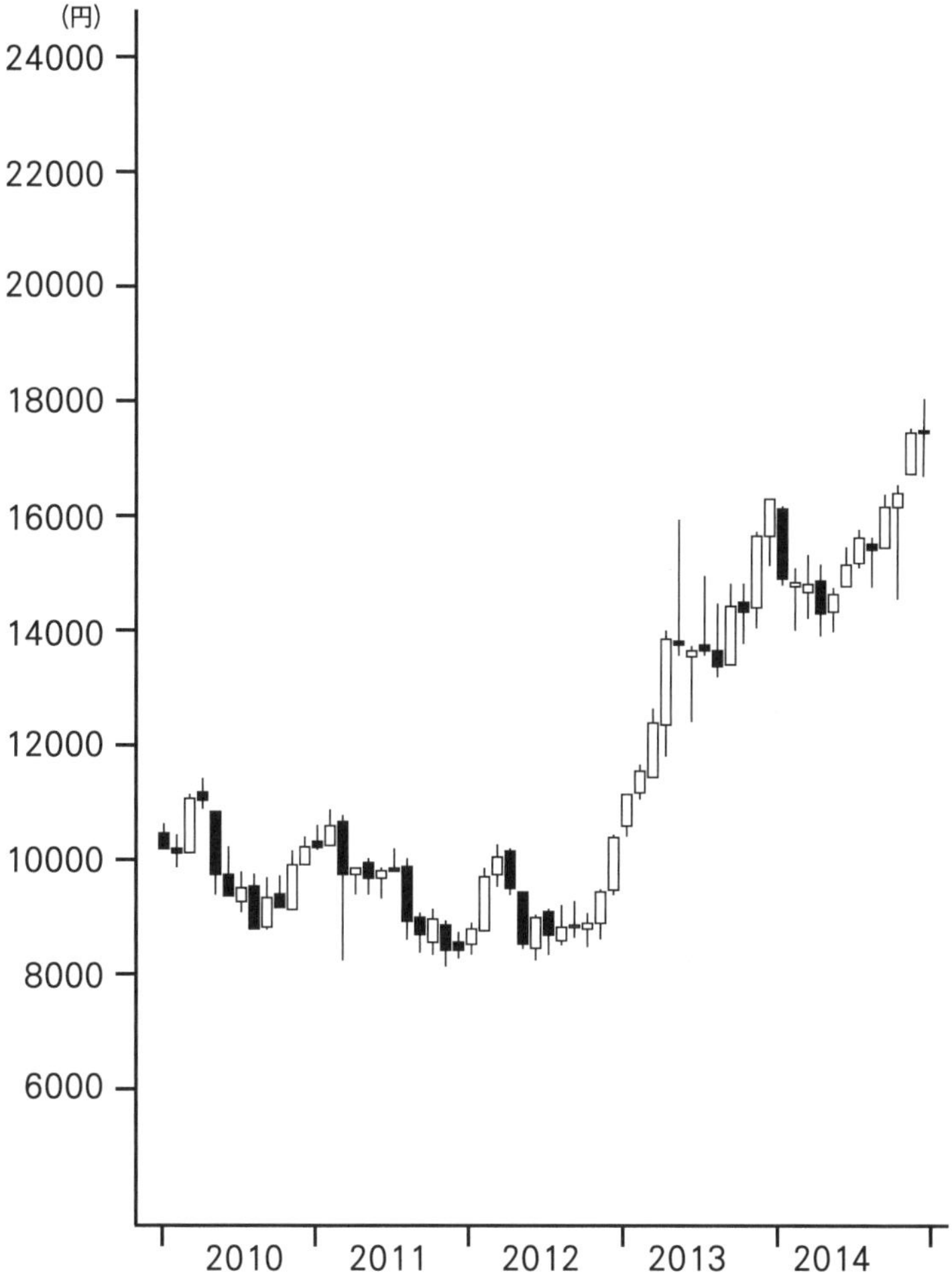
(円)
24000
22000
20000
18000
16000
14000
12000
10000
8000
6000
2010
2011
2012
2013
2014

急落に見舞われた。終値は一万八四五〇円九八銭となり、約二ヵ月半ぶりに一万八五〇〇円を割り込んだ。

しかし、下落はこれではすまなかった。大発会での急落を皮切りに一月の株価は下げ続け、一万六〇〇〇円割れ寸前にまで追い込まれた。

そこで日銀は、新たな手を打つ。一月の最終営業日である二九日、黒田日銀はマイナス金利導入を発表した。しかし、これは株価上昇にはほとんど効果はなかった。二六~二七ページのチャートをご覧いただければおわかりの通り、二〇一六年二月、日経平均株価は一時一万五〇〇〇円を割り、その後も一万六〇〇〇円前後で停滞した。

そこで黒田日銀は、再びテコ入れに動いた。二〇一六年七月二九日、ETFの年間買入額を約六兆円に増額することを発表したのだ。このインパクトは大きかった。二〇一六年七月三一日付『日経ヴェリタス』は、このETF買入額増額を次のように伝えている。「アベノミクスが本格始動した二〇一二年一二月からの外国人の買越額は累計約一二兆円強だった。この半分を毎年日銀が買うことになる。『日銀はいったん買えば売却しない投資主体で、需給面での下支え効果は大きい』（三菱ＵＦＪ国際投信の石金淳チーフストラテジスト）」。

日銀のＥＴＦ買いが不良企業を甘やかす

今一度、日経平均株価のチャートをご覧いただきたい。これを起点として、明らかに株価は力強い上昇に再び転じた。しかし、これは本当の意味で〝力強い〟上昇なのだろうか。二〇一六年七月三〇日付日本経済新聞は「黒田日銀、『次』へ布石――巨額の日本株買い、市場機能損なう恐れ」と題する記事の中で、このように警告していた。

日銀は毎年、この半分（弊社編集部注：外国人買越額の半分）にのぼる規模の買いを景気や企業業績に関係なく続け、金融政策の「出口」に向かうまでは売りに出すこともない。

ＥＴＦは株価指数に沿って幅広い銘柄を買うため、業績や経営に難がある企業にも資金は向かうことになる。この結果、いい企業の株価は高く、不調な企業の株価は低くと導く「市場の価格発見機能が損なわれる可能性がある」と三菱ＵＦＪモルガン・スタンレー証券の芳賀沼千里チーフストラテジストは指摘する。

（日本経済新聞二〇一六年七月三〇日付）

力強い株価の上昇とは、多くの企業が業績を上げ成長し、それに伴って株価も上昇する、そういう株価上昇を指すことは言うまでもない。しかし、アベノミクス、異次元緩和下での株価上昇はそうではなかった。日銀の下支えによる株価上昇なのだ。市場は「日銀が買うから相場は下支えされる」と喜んで〝買い〟の流れに乗り、株価は上昇した。しかし、先の日本経済新聞の記事の指摘にあるように、この株価上昇は市場機能を損なういびつな株価上昇だ。

たとえば今、日銀が買うＥＴＦのうち八八％を占める主力の「ＴＯＰＩＸ連動型ＥＴＦ」。ＴＯＰＩＸとは、東証株価指数「Tokyo Stock Price Index」の略称で、東京証券取引所の第一部に上場するすべての日本企業を対象とする。つまりこれを買うということは、業績関係なくすべての東証一部上場株をパッケージ買いするということだ。

この中には当然、赤字企業もある。東証一部には、過去一〇年間で五回以上赤字を出した企業が五四社もある。「新日本科学」など赤字の回数が八回にも達した企業さえある。そういう企業もまとめて買っているのだ。心ある識者は、かねてからこういう日銀によるＥＴＦ買いの問題点を指摘していた。たとえば帝京大学経済学部教授の宿輪純一氏は、二〇一七年九月七日付『現代ビジネス』に「まもなく六年目に突入するアベノミクスで、まずやめるべきこと」と題して寄稿しているが、その中で次のように日銀のＥＴＦ買いを強く批判している。

市場において、最も大事なのは『市場原理』である。通常の株式市場は、経営的に良い企業が買われ、良くない企業が売られる。インデックスで買うということは、その市場原理に関係なく全部を買うことになる。企業は経営の改善をやる気がなくなるのである。これは、ガバナンス上、大きい問題と考えている。（中略）アベノミクスでまずやめるべきは日銀の株式ＥＴＦ買いである。社会主義的な官による株式介入ではなく、自律的な市場原理を経済・企業の改革エンジンとすべきなのである。

（『現代ビジネス』二〇一七年九月七日付）

経営不振の赤字企業であっても、日銀に買ってもらって株価は上がるわけだから、不振企業は改善に本気にならない。日銀のＥＴＦ買いは、不振企業の改善意欲を低下させ甘やかすことになるのだ。

コロナ禍を受けて、日銀による官製相場は一段と強化された。二〇二〇年三月一六日、日銀は金融政策決定会合を開き、新型コロナウイルスの感染拡大に伴う金融市場や経済の動揺をおさえるために、それまで年六兆円としていた上場投資信託（ＥＴＦ）の購入目標額を一二兆円に倍増したのだ。

二〇二〇年七月一日付税理士ドットコムは、「上場投資信託を買いまくる日銀、市場を歪めてしまわないか　コロナ禍で株価上昇の意味」と題して、誰もが疑問を感ぜずにはおれない「コロナ禍での株価上昇」の実態を詳細に伝えている。記事によれば、日経平均株価は三月一九日に終値で一万六五五二円まで下落した後、急激に回復。この記事が書かれたであろう六月二六日の終値では二万二五一二円にまで戻したという（本稿を書いている二〇二〇年九月二四日の終値は、さらに上昇して二万三〇八七円にまで達している）。

これには当然、三月一六日の日銀の決定――ＥＴＦ買い倍増――が影響している。日銀の買いは一月が四四四〇億円、二月が五八四〇億円だったが、株価急落→日銀の決定を受けて、三月には一兆五四八四億円に急増。四月も一兆二七二億円と巨額な買いが続いた。株価下支え、さらには底上げのために、三月・四月の二ヵ月間で二兆七七五六億円ものＥＴＦを日銀は買ったのである。二〇一九年の日銀の年間のＥＴＦ購入額は四兆三七七二億円であるから、この二ヵ月間でその六割を超える額を買ったことになる。

コロナ禍で経済が大幅にダウンしても、「株価は絶対に下げさせない」という日銀の強固な意志を感ぜずにはいられない。

しかし、こういった日銀のETF買いによるこんな官製相場はとても健全な状態とは言えないし、民間企業の筆頭株主が中央銀行などというのは「異常事態」と言ってよい。

三五ページの表は三月三一日時点での「日銀が大株主の企業ランキング」であるが、二三・四％を持つアドバンテストを筆頭に、「ユニクロ」のファーストリテイリング（保有シェア一九・六％）、TDK（同一九・〇％）など、日銀が一〇％以上の株式を保有する企業の数は五六社に上る。まさに「異常事態」だ。

こういう日銀の姿勢に対し、経済協力開発機構（OECD）は、二〇一九年四月一五日に公表した対日経済審査報告書の中で「市場の規律を損ないつつある」と懸念を示した。当然であろう。

そして、これは素人が考えてもすぐわかることだが、日銀はこのETFを売るどころか、買いをやめることさえ至難である。なぜなら、もし日銀がETF

日銀が大株主の企業ランキング

順位	銘柄名	2020年3月末時点		2021年3月末時点	
		間接保有割合（%）	間接保有額（億円）	間接保有割合（%）	間接保有額（億円）
1	アドバンテスト	23.4	2028	25.5	2208
2	ファーストリテイリング	19.6	9167	20.9	9786
3	TDK	19.0	2059	20.8	2259
4	太陽誘電	18.6	691	20.3	756
5	東邦亜鉛	17.9	29	19.6	32
6	コムシスHD	17.4	683	19.1	750
7	日産化学	17.3	994	19.0	1095
8	トレンドマイクロ	17.1	1285	18.7	1406
9	ファミリーマート	16.9	1663	18.2	1786
10	日東電工	16.9	1294	18.8	1438

『ダイヤモンド・オンライン』のデータを基に作成

買いをやめると発表すれば、市場は「ああ、ここがピークだな。じゃ、売ろう」という反応を示すことが目に見えているからだ。だから、日銀は保有するETFを売るどころか買いをやめることも極めて難しい。どこまでも、買い続けるしかない。終わり・出口をどうするのか。BNPパリバ証券チーフエコノミストの河野龍太郎氏はこのように言う——「日銀は（売却をあきらめて）塩漬けするしかなくなった」（日本経済新聞二〇一九年四月一七日付）。

いずれにしても、アベノミクス・異次元緩和下での株価上昇は、見た目は力強いが真の力強さはない。日銀の買い支えによって作られた、いびつな官製相場だったのである。

「官製春闘」で賃上げも、実は賃金は下がっている

失業率や雇用の問題に関しても、手放しで喜べる状態ではない。本章冒頭で述べたように、確かに完全失業率は大きく下がり、一九九三年以来二六年ぶり

完全失業率と有効求人倍率

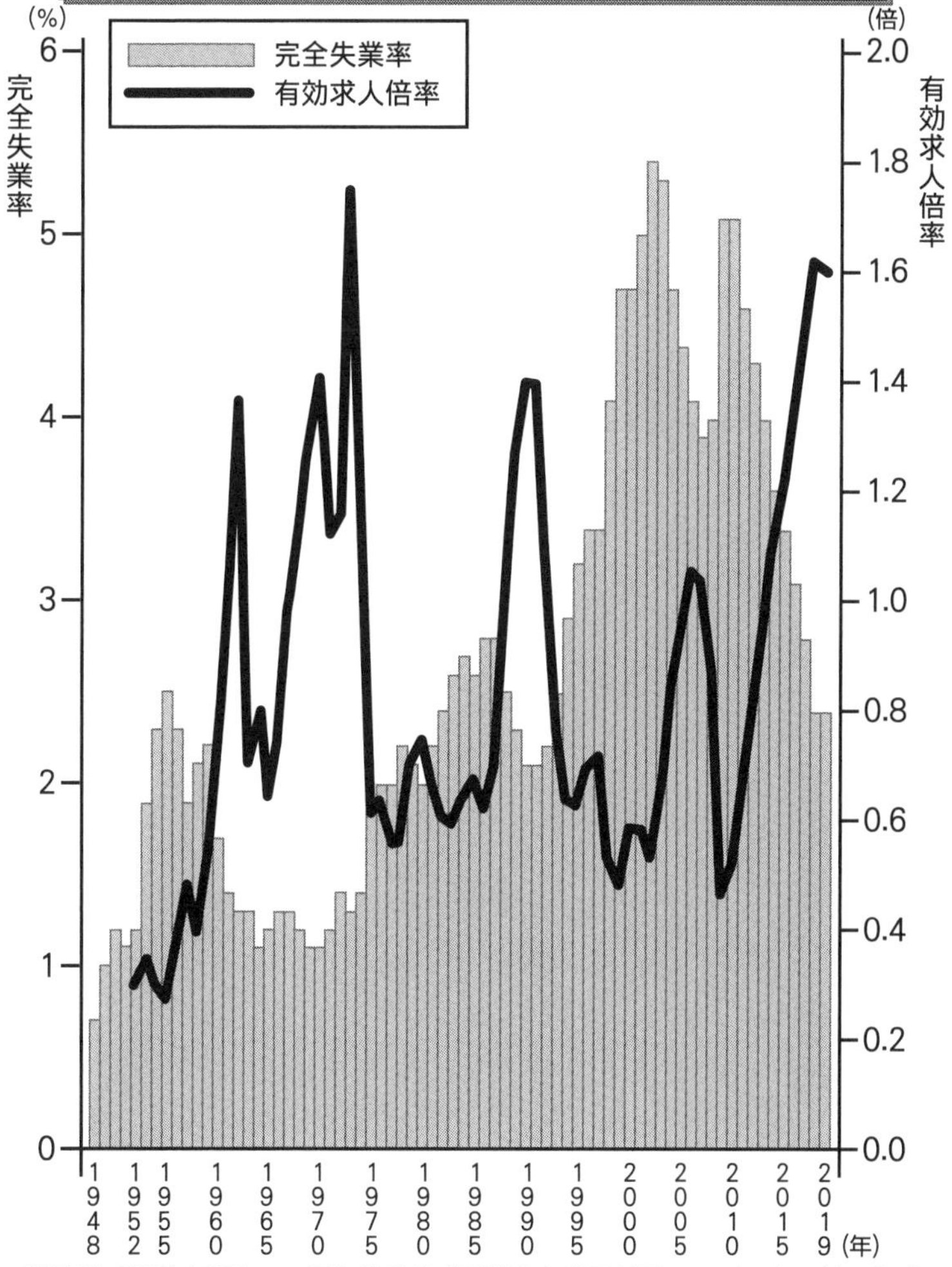

総務省「労働力調査」、厚生労働省「職業安定業務統計」のデータを基に作成

の低水準にある。有効求人倍率（弊社編集部注：ハローワークで仕事を探している一人に対し、何件の求人があるかを示した数値）に至っては、二〇一八年には一・六を超え、高度成長期だった一九七三年以来の水準だ。

こういったこと自体は、もちろん喜ばしいことである。しかし、これらの指標は明らかに「人手不足」を意味するにも関わらず、実は賃金は上がっていない。いや、むしろ下がっているのだ。特に、「実質賃金」はひどい状況だ。

実質賃金とは、「名目賃金」（現金給与総額＝給与明細の金額）の伸び率から物価上昇率を差し引いた正味の賃金上昇率を指す。三九ページのグラフをご覧になれば、一目瞭然である。名目賃金もほとんど伸びていないが、物価が若干上がり始めたことで実質賃金はマイナスの年の方が多いのだ。

安倍政権の労働政策といえば、まず第一に「官製春闘」が頭に浮かぶ。安倍首相は二〇一三年九月二〇日、政府・経済界・労働界の合意形成を図る「経済の好循環実現に向けた政労使会議（政労使会議）」を開き、また経済界に賃上げを幾度となく要請した結果、二〇一四年の春闘で中小企業を含めた企業の賃上

賃金伸び率の推移

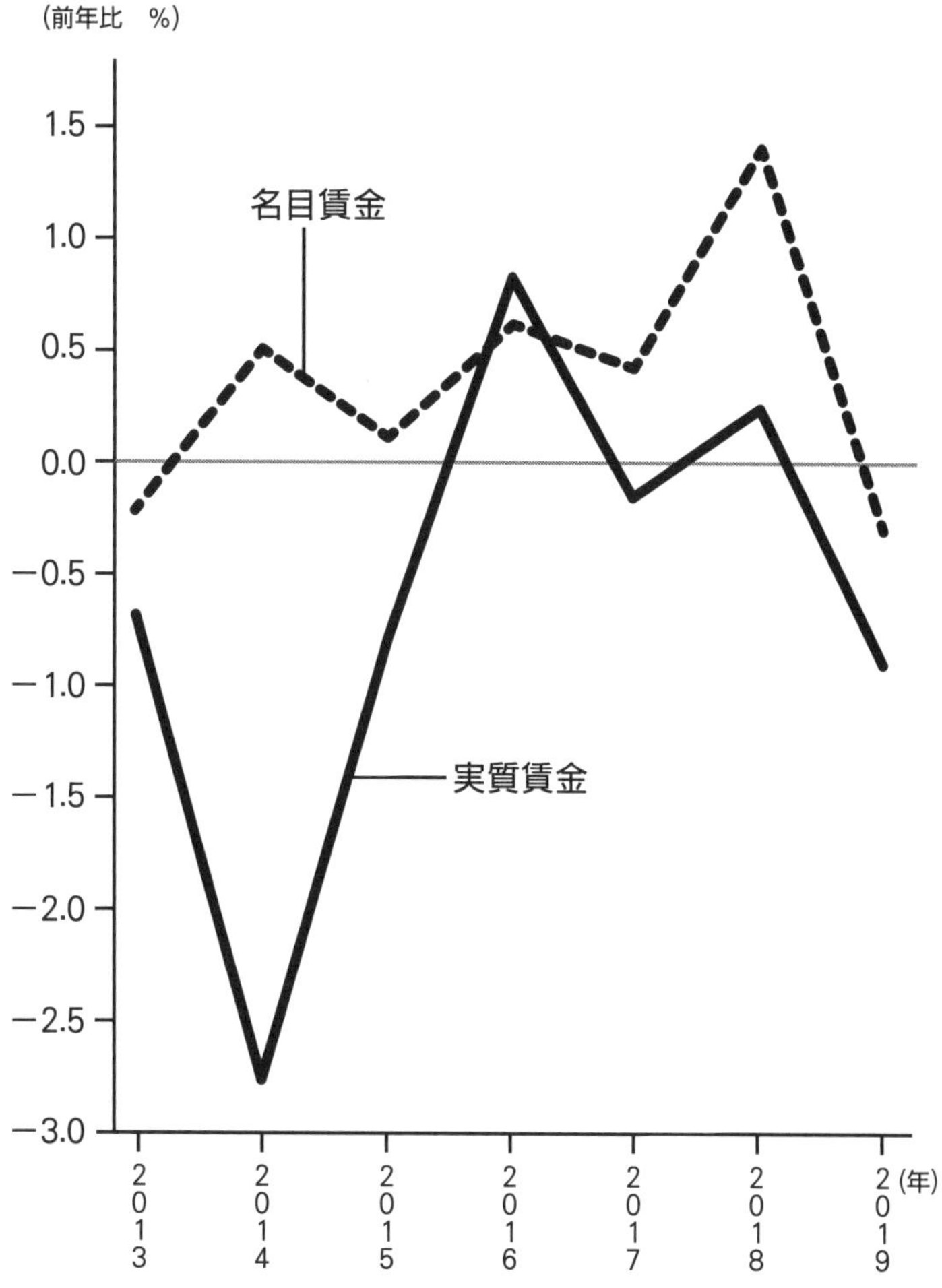

厚生労働省のデータを基に作成

げ率が一五年ぶりに二%を超え（二・〇七%）、大幅なベースアップに踏み切る企業も相次いだ。この一四年の春闘が、「官製春闘」のコトのはじめである。

この年以降も、政府が経団連を通じて企業に賃上げを促す官製春闘が続いた。一九年春闘では、新たに経団連会長に就任した中西宏明氏が「官製春闘という言葉はナンセンス」「そもそも賃上げは、政府に要請されて取り組むものではない」と述べ、安倍政権の賃上げ要請には応じない姿勢を見せたが、結果的には賃上げ率は二・四三%となり、六年連続で二%を超えた――と報じられている。

読者の皆さんの多くも、こうした報道を見聞きした記憶があるのではないだろうか。安倍首相の吹いた笛で経済界は踊った。賃上げは実現したはず、なのになぜ、実は賃金は伸びていないのか。

私がその識見に敬意を表する経済学者に、野口悠紀雄氏がいる。野口氏は現在、早稲田大学ビジネス・ファイナンス研究センター顧問である。元大蔵官僚だが、その後一橋大学や東大などで教授を務めてきた。幾多の論文や著書により、政府主催明治一〇〇年記念論文最優秀総理大臣賞、日経・経済図書文化賞、毎日新聞社エコノミスト賞など、数々の賞を受賞している。

その詳細な分析にはいつも私もうならされるし、その直言には私も思わず快哉《かいさい》を叫びたくなる。たとえばこんな具合だ。

金融緩和の場合は、当面の直接的なコストはゼロだ。したがって、政治的には最もとりやすい。しかし、金融緩和するだけで経済の改革が実現できるはずはない。事実、これまで金融緩和が進められてきたにも関わらず、実体経済には何の影響も及ばなかった。（中略）本来、総選挙の争点となるべきは、消費税の税率を今後どれだけ上げてゆくかであった。それにも関わらず、代替財源の提示なしに、すでに決定された消費税増税に対する反対が叫ばれた。これを見ても、これ以上の消費税率引き上げは、ほぼ不可能だ。（中略）社会保障制度の抜本的改革は、高齢化が進む日本の最大の課題であるにも関わらず、総選挙でほとんど争点にならなかった。日本の政治家は、社会保障制度の改

革なしには日本が存続できないという問題意識を持っていない。これは、驚くべき政治の貧困だ。
（野口悠紀雄著『金融緩和で日本は破綻する』ダイヤモンド社刊）

ここでいう「総選挙」とは、安倍政権誕生につながる二〇一二年の総選挙のことだが、読者はここで書かれている政治状況が二〇一九年の参議院選挙でもまったく変わっていないことにお気付きであろう。一九年の参議院選挙でブームを巻き起こしたのは、消費税そのものの廃止を訴えた「れいわ新選組」であった。まさに「驚くべき政治の貧困」である（選挙民である国民の意識の貧困とも言えるが）。

さて、その野口氏が昨年（二〇一九年一一月一四日）、『ダイヤモンドオンライン』に、「『人手不足でも名目賃金下落』の異常事態が起きたメカニズム」と題する論考を寄せていた。そこでは、官製春闘で賃上げがなされているのになぜ実は賃金が下落しているのかが明確に説明されている。

雇用形態別雇用者数

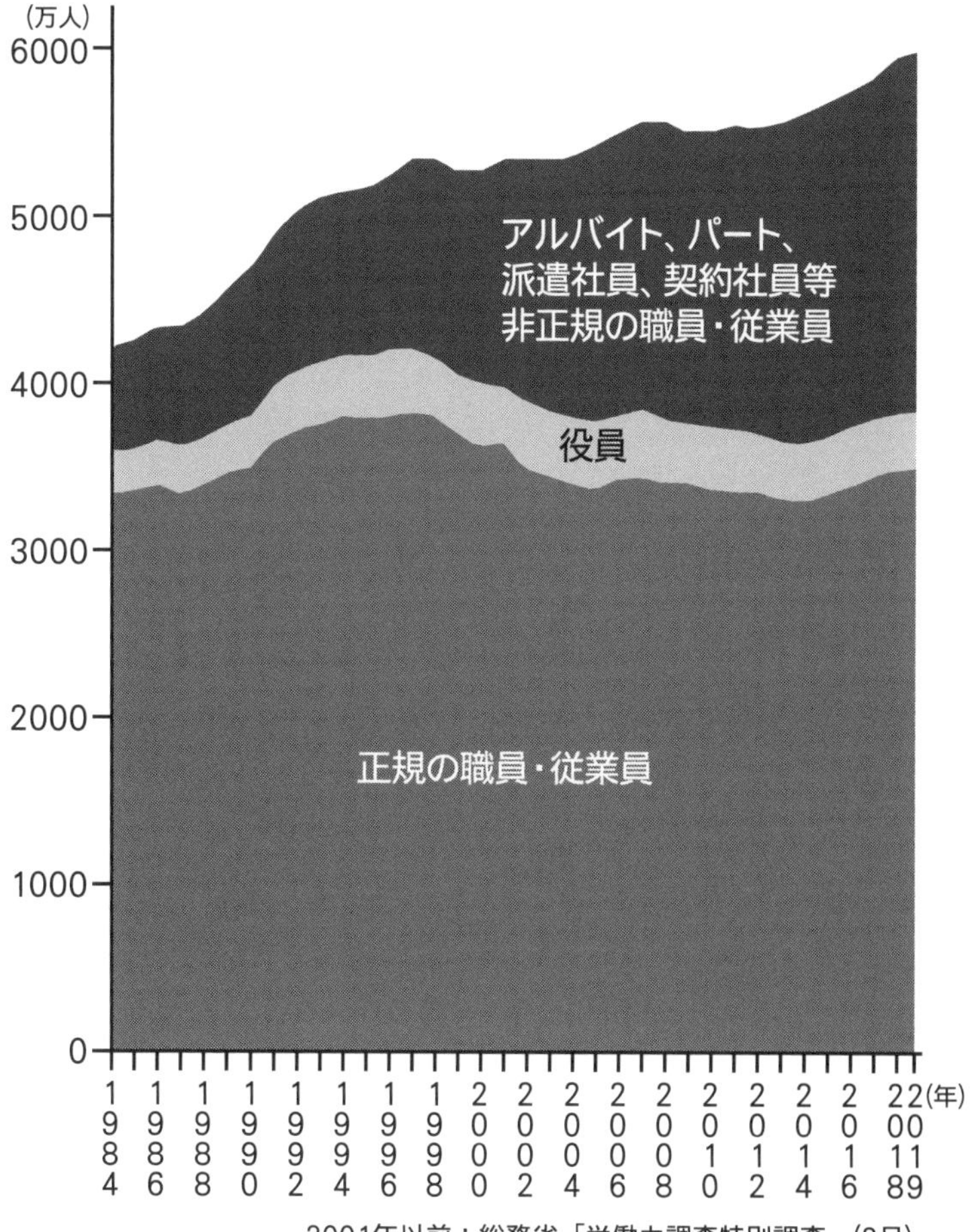

2001年以前：総務省「労働力調査特別調査」(2月)、
2002年～2012年：総務省「労働力調査」(詳細集計、年平均)、
2013年以降：総務省「労働力調査」(基本集計、年平均) のデータを基に作成

まず、春闘の対象となるのは主として製造業・大企業の就業者だが、この人員数は三〇一万人にすぎない。それに対して、野口氏の定義による「零細企業」（資本金一〇〇〇万円以上二〇〇〇万円未満の企業）の人員は、二〇一九年四―六月期で九四三万人。春闘の対象になるような（ある意味、恵まれた）大企業の就業者の三倍以上も存在するのだ。

だから、野口氏はズバリ言う。「日本全体の賃金動向を決めるのは、春闘の結果ではなく『零細企業』の賃金動向である」と。そして、全産業零細企業の賃金は年間三七二万円で、年間六九六万円もある全産業大企業の五三％でしかないというのだ。

零細企業の賃金水準は、大企業に比べて大幅に低いばかりではない。それが、さらに下がっているのだ。二〇一八年、零細企業の人員は増加し、その一方で給与水準は低下した。どういうことかというと、二〇一八年に配偶者特別控除の改正が行なわれたが、その結果、低賃金である女性の非正規就業者が顕著に増えたのである。だから人員数は増えて、賃金レベルは低下したのだ。

だがこれは、奥さんの所得が加わる分、世帯全体の所得を増やすことにはつながる。だから政府は、「総雇用者所得が増加している」と強調する。

これはこれで、悪いことではないようにも思える。しかし、これもまた手放しで喜べる状況ではない。まず第一に、グラフでおわかりの通り総雇用者所得が増加しているといっても、伸び率はわずかなものだ。マイナスの月も多い。

日本経済は長期的なＧＤＰ縮小過程に入った

そして、野口氏はここからさらに重大な問題点に踏み込んで行く。二〇一九年一一月二八日付『ダイヤモンドオンライン』だ。この時、野口氏が寄稿した論考のタイトルは、「日本経済は『長期的な縮小過程』に入った可能性が高い理由」だ。冒頭の書き起こしが、いきなりショッキングだ。「就業者一人当たりの実質ＧＤＰ（国内総生産）が減少している。これは日本経済が長期的な縮小過程に入ったことを示すものだ」。

賃金下落の話からＧＤＰ減少の話に、いきなりまったく変わったように思われるかもしれないが、実は大いに関連があるのだ。

まずお伝えしなくてはいけないのは、私たちは通常、経済的豊かさを表す指標として「一人当たりＧＤＰ」を使うが、付加価値生産性の見地からは「就業者一人当たりＧＤＰ」の方が重要な指標だということだ。基本的に新たな価値を生み出すのは就業者だから、ちょっと考えてみればご納得いただけると思う。だから就業者一人当たりＧＤＰが低下しているということは、わが国の生産性が低下しているということなのだ。

では、就業者一人当たり実質ＧＤＰの低下について、数字を見て行こう。まず、二〇一七～一八年にかけては、約一・二％低下したという。では、二〇一九年はどうかというと、国際通貨基金（ＩＭＦ）の予測では実質ＧＤＰ成長率は〇・九二四％。就業者数の増加率が二〇一八年並みの二・一％くらいだとすれば、一人当たり実質ＧＤＰは二〇一九年においても約一％低下することとなる。さらにＩＭＦの予測では二〇二〇年の日本の実質ＧＤＰ成長率は〇・三二

総雇用者所得

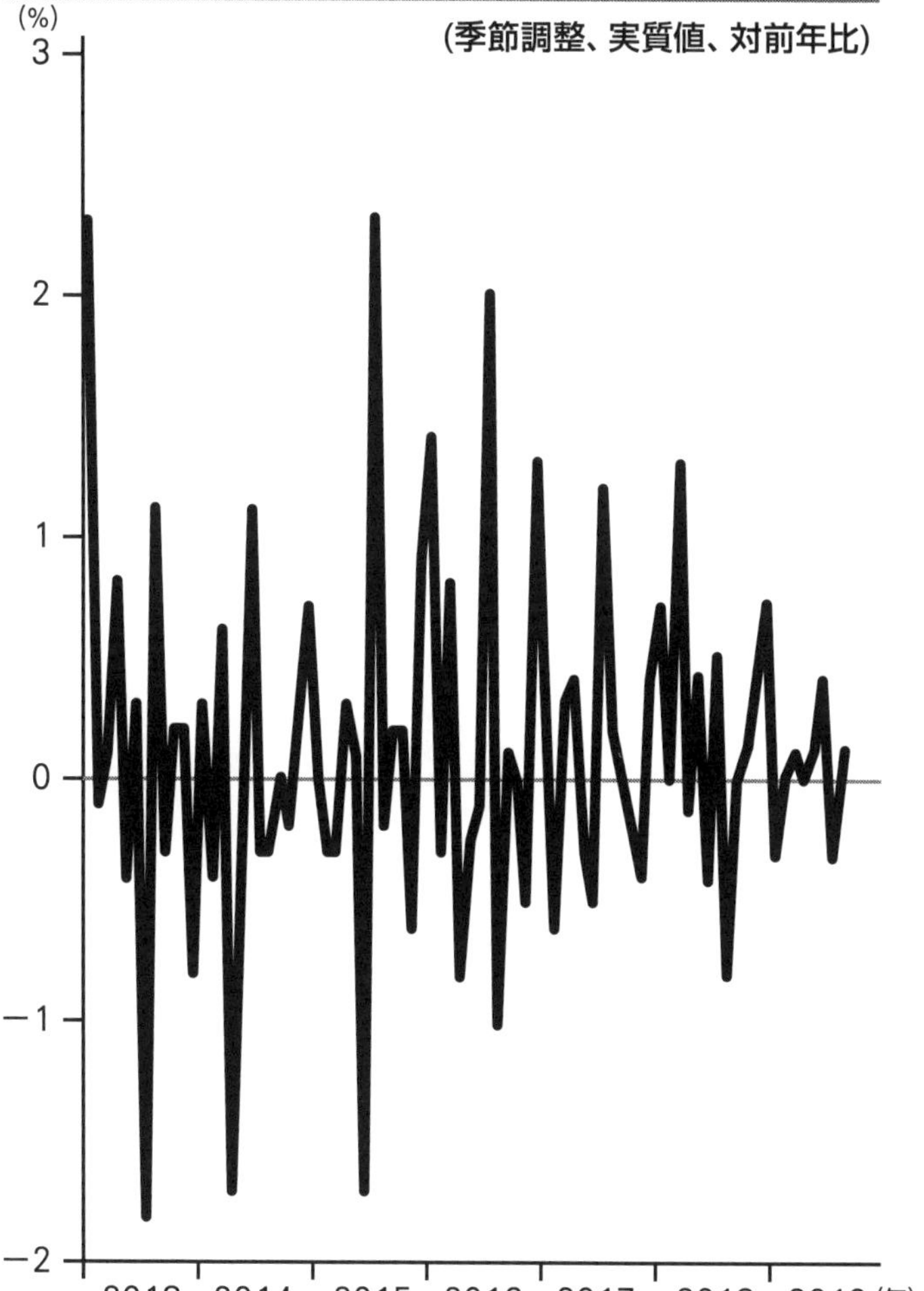

内閣府のデータを基に作成

三%なので、二〇二〇年もこの傾向が続く可能性が高いというのだ（なお、このIMFの予測はコロナ前のものであり、実際にはさらに大幅に悪化することは言うまでもない）。

このような就業者一人当たりGDPの減少は、リーマン・ショック後の二〇〇八年、二〇〇九年にも起きていたし、その後も二〇一一年、二〇一四年、二〇一六年にも起きていた。このように、趨勢として一人当たり実質GDPの伸び悩みはあったわけだが、それがいよいよ減少トレンドに入ったということだ。こんなことは、GDP統計が始まってからいまだかつてなかったことだ。

なぜ、こんなことになってしまったのか。それは、非正規労働者が増えているからだと野口氏は指摘する。一般に、非正規労働者の生産性は高くない。いなくては困るが、補助的労働者だ。ただし、野口氏はそれは表面的なことであって、本当の原因は収益性が低下していることだという。

市場が縮小する日本ではすべての産業が下落トレンド

「収益性の低下」――誰が考えても、これは人口減少で市場が縮小して行くわが国において、避けられないことだというのは、容易に想像がつく。市場が縮小するのだから、その土俵で戦う企業や店舗の競争は過当になる。コスト競争せざるを得ないから、収益性は落ちる。最近、それが顕著に見られたのは、「いきなり！ステーキ」だ。

「いきなり！ステーキ」は二〇一三年一二月の初出店以来、分厚いステーキを立ち食いするスタイルが人気を博し急拡大。二〇一四年末に三〇店だった店舗数は、国内外で二〇一五年末に七七店、二〇一六年末に一一五店、二〇一七年末に一八八店、二〇一八年末に三九七店と急速に拡大。二〇一八年一一月には、全都道府県への出店を達成した。

飽くなき出店意欲は日本に留まらず、二〇一七年二月にはアメリカに進出し、二〇一八年九月に現地のナスダックに上場も果たした。まさに破竹の勢いで、運営会社であるペッパーフードサービスの一瀬邦夫社長は「回転寿司のように『いきなり！ステーキ』も文化になる」とまで公言していた。

しかし、「文化になる」はるか手前で、その勢いは完全に失墜してしまった。なぜか？　二〇一九年一二月四日付『東洋経済オンライン』の見出しが、ストレートにその原因を伝えてくれる。「いきなり！ステーキ、急失速に見た積極出店の罠――マイナス続く既存店売上高、見えない打開策」――極めてわかりやすい話、そもそもステーキをがつがつ食べる若者の人口は減っている。一時のブームで調子に乗って大量出店すれば、「店舗同士で客を奪い合う事態が発生」（『東洋経済オンライン』二〇一九年一二月四日付）するのは元々明らかだったと言えよう。さらに、「肉ブームといきなり！ステーキの好調を背景に、類似業態の出店も増加した。肉業態の中でもステーキ店だけでなく一人焼き肉店などジャンルを変えた店舗も増えており、社内競合と社外の両方で競争は激化する一方だ」（同前）。成功すればそれを真似る同業他社が出てくるのは理の当然。

縮小する市場でパイを食い合う過当競争が、一気に顕在化したのだ。

かくして、二〇一八年四月に既存店売上高は前年同月比でマイナスに転じ、その後も右肩下がりが続く。その一方で、店舗数増による従業員数の増加を受けて販管費は大幅に増え、値引きなどのキャンペーンの連発によって原価率は上がった。二〇一九年一一月に発表された二〇一九年一二月期の営業損益見通しは、当初計画では営業利益五五・九億円（前期は三八・六億円の黒字）と大幅な増益を見込んでいたものを七・三億円の赤字へと修正した。さらに二〇二〇年一～六月の決算では、一一四の店舗を閉鎖する費用を損失として計上したことなどから、最終的な赤字は七九億円にまで膨らんだ。

この「いきなり！ステーキ」の場合は、急上昇から急降下とあまりにも変化が極端なのだが、基本的には日本国内市場を対象とするすべての産業がこの下落トレンドにあることは間違いない。構造的に苦境に立たされているこの日本経済に対し、アベノミクスはどのように臨んだのか。今一度、確認して行こう。

アベノミクスは国の介入による効率無視の社会主義政策

ここで読者の皆さんには、「アベノミクス『三本の矢』」を思い出していただこう。ぜひ、「アベノミクス『三本の矢』」をネットで検索してみていただきたい。するとトップに、首相官邸のホームページが出てきたはずだ。

第一の矢はすでに簡単に触れているが、「大胆な金融政策」だ。官邸ホームページには「金融緩和で流通するお金の量を増やし、デフレマインドを払拭」とある。しかし、これは本章ですでに述べた通り、日銀のETF買いによる株価上昇は市場原理を損ない不振企業を甘やかすいびつな政策であるし、異常な低金利も健全で活発な融資を生みだしたとはとても言い難い。

二〇一九年一〇月四日付日本経済新聞電子版コラムは「ゾンビを甘やかす日銀」と題して、次のようにシビアに指摘している。「金融緩和であふれた資金が本来は退出を迫られるべきゾンビ企業を甘やかしているとも言える。（中略）生産性を高める役割を担うべき企業の足腰を弱めていることが緩和長期化の本質的な副作用かもしれない」（日本経済新聞電子版二〇一九年一〇月四日付）。ゼロ％に近い超低金利で借りられるから、不良企業が生産性を高める努力をせずとも、とりあえず生き延びているのである。

第二の矢は「機動的な財政政策」。官邸ホームページには「約一〇兆円規模の経済対策予算によって、政府が自ら率先して需要を創出」とある。これは確かに、アベノミクス初年度は〝どん〟と行なわれた。「復興・防災対策」に三兆七八八九億円など緊急経済対策費として一〇兆三〇〇〇億円を計上。一二年度補正予算の総額は、一三兆一〇五四億円という大規模補正となった。

その後も、これほどの規模ではないが補正予算の策定は恒常化し、そしてアベノミクスの最後を締めくくる二〇二〇年度の補正予算は、読者の皆さんのご記憶にも新しいことだろう。一次補正は二五兆六九一四億円、二次補正は三一兆九一一四億円。過去に例を見ない巨大な金額だ。当初予算の一〇二兆六五八〇億円を合わせた二〇年度の歳出は、一六〇兆円を超える空前の歳出額である。

もちろん、二〇一二年度補正は「東日本大震災からの復興」というメインテーマがあり、今回は「コロナ禍にあっても事業継続と雇用・生活を守り抜く」という大義名分がある。しかし、こういう誰もが反対できない財政出動は、往々にして効率性が軽んじられがちだ。

みずほ証券チーフマーケットエコノミストの上野泰也氏は、二〇一九年一二月三日付『日経ビジネス』で、このように憂慮を示している。

債券市場によるチェックがない中で、財政規律が相当緩んでしまっていることを、筆者は憂慮している。「金額ありき」的に財政出動の規模が決まってしまってから、案件をかき集めて「ハコの中身を埋めていく」というのは、過去に何度も見られたことなのだが、明らかに妥当な手法ではない。ムダな案件が混じりやすくなる。

（『日経ビジネス』二〇一九年一二月三日付）

こうして、第一の矢・第二の矢の放ち方とその影響を見て行くと、気付くことがある。アベノミクスというのは、官製相場・超低金利で不健全企業やゾンビ企業を甘やかし、官製春闘という形で賃上げにまで介入する。また本稿では取り上げないが、二〇一七年からは「全世代型社会保障」などということも言いだした。幼保から高等教育まで「無償化」のオンパレードである。

これらどれをとっても、国の介入による社会主義的な経済政策である。巨額な財政もそうだが、そういうお上管理の経済は、当然効率は悪い。そして、潜在的に本来持っているはずの民間の力を削ぐものだ。

第三の矢は、「民間投資を喚起する成長戦略」であった。「規制緩和等によって、民間企業や個人が真の実力を発揮できる社会へ」と謳っていたが、「規制緩和」なんて言い古された言葉だし、これだけ不良企業や国民を甘やかす政策をメインに推し進めておいて、「民間企業や個人が真の実力を発揮できる社会へ」もないものだ。

日本銀行金融研究所所長や野村総合研究所理事長などを歴任したエコノミス

トの鈴木淑夫氏は、二〇一九年八月二〇日付『Viewpoint』において、次のように一刀両断に斬り捨てている。「成長戦略は掛け声ばかりで何の成果も出ていない。それどころか、安倍政権の六年強の間に、日本の全要素生産性（TFP・日銀推計）の年増加率は〇・八％前後から〇・二％弱に落ちてしまった」（『Viewpoint』二〇一九年八月二〇日付）。

安倍政権は、歴史的な長期政権となった。それだけの理由はあるとは思う。しかし、こと経済政策、アベノミクスに関して言えば、本章で見てきたように実は抜本的な改革はまったくなされていない。本章冒頭に取り上げた菅官房長官（当時）の言葉――「一貫しているのが経済最優先であり、経済状況は大幅に改善している」。これは、株価などの目先の数字でカムフラージュされたウソである。そう断じさせていただこう。

第三章

「コロナ恐慌」経由「国家破産」

——デフレから巨大インフレへ

株式市場、驚異のV字回復――根拠なき楽観を排すとき

あなたが本書を手に取っている頃、世界は再び恐怖のどん底に陥っているかもしれない。不必要にあおるつもりは毛頭ないし、こうした悲観的な予測は外れてほしい。だが一方で、私が本書を執筆している二〇二〇年九月末時点で多くの不穏な兆候が確認できるのも事実なのだ。

同時点で私たち第二海援隊グループが本拠を構える東京では、新型コロナウイルスの感染者数が減少傾向にあり、また多くの人が状況に慣れてきたこともあり、「新型コロナもいよいよ収束か」という観測すら出てきている。果たして、本当にそうだろうか。

まずは、朗報を一つ。これはあくまでも私の勘にすぎないが（科学的な根拠は一切ない）、おそらく日本はかつての世界的パンデミック（一九一〇年代のスペイン風邪や一九六〇年代の香港風邪）が迎えたような決定的な第二波を経験

せずにすむ可能性が高いと思われる。それは、日本人の衛生観念や外出時のマスク着用といったマナー、そして今後も継続されるであろう〝鎖国〟がその理由である（だから、早期に鎖国を解いてしまえば話は別だ）。

しかし、だからといって日本経済が安泰かというと、そんなことはない。その最大の理由は、日本経済が構造的に外需に依存しているという点にある。こうした構図はリーマン・ショックの時から変わっておらず、日本のＧＤＰ（国内総生産）成長率は当時、震源地のアメリカのみならず主要国では最もマイナス幅が大きくなった。

今回、日本は明らかに欧米よりも新型コロナウイルスの感染拡大を防ぐことに成功してはいる。しかし、二〇二〇年四―六月期の実質ＧＤＰの前年同期比はマイナス九・九％と、アメリカのマイナス九・一％より悪い。ユーロ圏のマイナス一四・一％に比べるとまだましだが、感染拡大の度合いを考えれば不思議なほど日本経済は悪化した。日本は厳格なロックダウン（都市封鎖）をせずにすんだために内需の崩壊は避けられたが、外需の激しい落ち込みに翻弄されたというわけである。

外国人投資家はよく「日本経済には二つの顔がある」と言う。一つは「洗練された製造業」で、もう一つは「恒常的に弱々しい消費」だ。まさにその通りで、日本では内需が一向に活性化しないため、世界経済の動向に振り回される構造が定着している。そして問題は、その外需がこれから最悪期を迎えるかもしれないということだ。

まずは、今回のコロナ禍を簡単に振り返りたい。遅く見ても二〇一九年末には中国の湖北省武漢市で発生していたと見られる新型コロナウイルスは、二〇二〇年一月二三日午前二時に電撃的に発表された同市のロックダウンを封切として、瞬く間に世界中を震撼させることとなった。

国際通貨基金（ＩＭＦ）は、一九三〇年代の「グレート・デプレッション」（大恐慌）、二〇〇八年の「グレート・リセッション」（大不況）に続き、今回の危機を「グレート・ロックダウン」（大封鎖）と命名したが、武漢発の新型コロナウイルスはまさに電光石火のごとく世界へ広がり、それと同時にロックダウンも実施されたのである。

国連世界観光機関（ＵＮＷＴＯ）は、世界保健機関（ＷＨＯ）が新型コロナウイルスの流行を「国際的に懸念される公衆衛生上の緊急事態」と宣言した二〇二〇年一月末以降、各国で講じられた対策を追跡してきたが、その宣言から三ヵ月の間に世界二一七ヵ国・地域の一〇〇％が外国からの渡航に何らかの制限を課し、同七二％が外国人観光客の入国を完全に禁止していた。

こうした措置は、感染拡大の観点からすると必要なものであることは間違いないが、一方で経済に破滅的な影響を与えたのである。アメリカでは「五年分の経済成長が吹き飛んだ」と形容されたが、ここ日本でも二〇二〇年四―六月期の実質ＧＤＰ（年率）は四八四兆円と前期比で四一兆円も減少、二〇一〇年の水準まで急激に収縮した。

先のリーマン・ショックを事前に予期したことで知られるニューヨーク大学のヌリエル・ルービニ教授は、英ＢＢＣ放送（二〇二〇年五月二二日付）のインタビューで「世界的な金融危機（リーマン・ショック）の間に、生産量が急減するまで約三年かかった。しかし、今回は三年はもちろん、三ヵ月もかからなかった。三週間ですべてが自由落下した」と、いかに今回の危機がすさまじい速さで到来したかを語ったが、この最大の原因はグローバル化（相互依存）が進んだ世界で国境や都市が封鎖されたことにある。

株価も劇的な下落を演じた。ブルームバーグによると二〇二〇年三月一九日までの一ヵ月間で世界の証券市場の時価総額は約二五兆ドル減少。一ヵ月前の八七兆八七〇八億ドルから二九・二％減少し、六二兆二五七二億ドルとなった。ところが、ここから世界の株式市場はまさに異例のV字回復を果たす。「米株の代表的指標であるダウ平均およびS＆P５００種株価指数は今春、六週間で約三五％下落した。全米で経済活動が停止し、コロナが猛威を振るう中、史上最高値から弱気相場へとかつてないスピードで転落した。

だが、そこから米株相場は連戦連勝モードに入った。これは、近年の金融市場で例のない事象だ。（中略）S＆P５００種指数が史上最高値から弱気相場入りし（定義によると下落率二〇％以上）再び最高値を更新するまでわずか一二六営業日しかかからず、過去最速の回復となった。同様の例を一九二八年まで遡っても、この指数が高値更新まで回復するのに平均で一五〇〇営業日以上（およそ六年間に相当）を要している」（米ウォールストリート・ジャーナル二〇二〇年九月一七日付）。

過去最速で史上最高値を更新した米国株の回復は突出しているように思うが、世界の株式市場も似たり寄ったりの展開をたどった。なんと、世界の株式市場がおおよその底値を付けた二〇二〇年三月一九日から同年九月一八日までに、日経平均株価は四一・一三％、米Ｓ＆Ｐ５００種は四八・三六％、ニューヨークダウは四八・七六％、ナスダックは五七・三二％、上海総合指数は二五・四九％、ＲＴＳ指数（ロシア）は四七・六三％、ＤＡＸ指数（ドイツ）は五五・三七％、ボベスパ指数（ブラジル）は五四・六二％、そしてＫＯＳＰＩ指数（韓国）は六五・五％と、それぞれ上昇している。

日本経済新聞によると、世界的な株価のＶ字回復によって世界全体の時価総額（月末ベース）は、二〇二〇年八月末に過去最高を記録した。それまでの過去最高は株価が騰勢を強めていた二〇一九年一二月末の八九兆ドルで、わずか八ヵ月間でそれを更新したのである。

新型コロナウイルスの出現と、それに続く世界的な株価暴落に世界中が驚がくしたが、その後の資産価格の急激なV字回復にも投資家はがく然とした。私が知る範囲では、ここまで見事な回復を予想していた人物は皆無に近い。過去最速と言えるV字回復には、後付けの説明が方々でなされているが、その一端が各国の実施した金融緩和にあることはまず間違いないであろう。

「新型コロナの経済的被害は大したことない」という誤解

先のリーマン・ショックを教訓に、各国の中央銀行は矢継ぎ早に低金利政策や資産購入プログラムを実行した。その結果、FRB（米連邦準備制度理事会）、ECB（欧州中央銀行）、日銀の三行だけで二〇二〇年八月末までの半年間に資産規模が五兆八一五〇億ドルも増加している。リーマン・ショック後の半年間と比べておよそ四倍のスピードで中央銀行のバランスシートが膨らんだという。金融緩和に加えて、甚大な規模の財政出動もなされた。バンク・オブ・アメリカの試算によると、二〇二〇年八月上旬時点で世界で導入された景気刺激策の総額は二〇兆ドル前後に達する。これは、二〇一九年の全世界GDP（国内総生産）の二〇％あまりに相当し、まさに前代未聞の規模と言ってよい。

理由はこれだけでないにしろ、供給されたお金が株式市場に流入していることは確実であろう。そして、世界的に例外のない株高は（債務危機に苦しむアルゼンチンでさえ代表的なMERVAL指数が九月中旬までの半年間に八七・八二％という爆騰を記録している）、投資家や市井の人々にある種の楽観をもたらした——「新型コロナの経済的な被害は、意外と大したことない」と。

確かに、株価だけを見るとコロナショックなんてなかったことになっている。しかし、各国で株価のマイナス分がすでに帳消しとなった一方で、「各国で数年分の経済成長が帳消しになった」という事実も消えはしない。

現状の予想では、アメリカの二〇二〇年七—九月期のGDPは最大三二％増

（前期比）と過去最大の伸びを記録すると見込まれているが、これはあくまでも（四―六月期における）激しい落ち込みからの反動にすぎない。これを持続できれば、株価と同様に実体経済もV字回復を果たせることになるが、ハッキリ言ってその見込みは薄い。

二〇二〇年九月に入って世界のあちらこちらで失速（回復からの息切れ）が散見されるようになっており、欧米では感染拡大の決定的な第二波を迎えそうな雰囲気になってきている。仮にそうなれば、前述したように再び恐怖のどん底に陥る可能性が高い。

日本の報道ばかり追っているとわからないが、世界では引き続き感染拡大が続いており、二〇二〇年一〇月二七日時点で一一五万九三九七人の方が亡くなっており、累積の感染者数は約四三四八万三九七三人に達した。累積の死者数が最も多いのがアメリカで二二万五七〇六人、次にブラジルの一五万七三九七人、そしてインドの一一万九五〇二人と続く。そろそろいい加減、収束してほしいというのが全人類の願いだが、まだまだ安心できる状況にない。

米ブルームバーグ（二〇二〇年九月七日付）によると、米ワシントン大学の保険指標評価研究所（ＩＨＭＥ）の予測では、現時点で二〇万人に達したアメリカにおける死者数は、二〇二〇年末までに「最も可能性が高いシナリオ」で四一万四五一人に達し、最悪のシナリオで六九万二九人にまで増えるという。ＩＨＭＥはまた、世界全体の死者数も年末までに現状の約三倍の二八〇万人にまで増えると予想した。さらには、二〇二〇年一二月には全世界における一日当たりの死者数が三万人に達するという。現状では、一日当たりの死者数が一万人を上回ることはほとんどない。

同研究所のクリストファー・マレー氏は「肺炎のように新型コロナは寒い気候で一段と流行する見通しのため、北半球の人々は冬が近づくにつれ特に警戒が必要だ」とし、「欧州や中央アジア、米国を中心に厳しい一二月になると見込まれる」（米ブルームバーグ二〇二〇年九月七日付）と警鐘を鳴らしている。

こういったハードランディングな予想は、〝あおり〟などと反感を買うことが多い。もちろん、こうならないことを誰もが願っている。しかし、過去のパンデミックを顧みてもわかるように、ウイルスはそう簡単に消えてくれない。

たとえば、コロナウイルスの仲間であるＳＡＲＳ（重症急性呼吸器症候群）やＭＥＲＳ（中東呼吸器症候群）は収束までにそれぞれ三年、六年という時間がかかった。しかも、この二種類のコロナウイルスのワクチン開発は失敗に終わっている。また、前世紀の代表的な二つのパンデミックである一九一〇年代のスペイン風邪、一九六〇年代の香港風邪は、いずれも決定的な「第二波」を迎えた。これらは時間を追うごとに致死率が上昇し、今回と比べても桁違いの死者数が計上されている。いずれも収束までに二～三年を要した。

ところで、前出ＩＨＭＥの予測は「ワクチンの登場」といった変数をまったく考慮していない。現在、アメリカ、イギリス、ドイツ、中国を中心にワクチン開発競争が激化している。早ければ二〇二〇年内にも、一部の人々に届くとの報道もなされている。

しかし、私が思うにそれは希望的観測にすぎない。ワクチンには、大きく分けてウイルスそのものを使った「従来型」とウイルスの遺伝情報の一部だけを体内に入れる「遺伝子ワクチン」とがあるが、現在、各国で開発が先行しているのがこの「遺伝子ワクチン」だ。詳細は省くが、この「遺伝子ワクチン」は今まで承認されたことも実用レベルでの実績もない。各国の当局がワクチン開発を急いでいることから承認の条件が緩和されたとしても、果たして本当に効果が得られるのかは疑問だ。

確かに過去のパンデミック当時と比べて、昨今の医療技術は格段に進歩している。米国立アレルギー感染症研究所のアンソニー・ファウチ所長は「現在の開発の速さは、試験を開始する前の段階でワクチンをどのように作るかについての技術進歩に大きく関連している」（米ブルームバーグ二〇二〇年八月六日付）と指摘するが、仮に効果の得られる遺伝子ワクチンが開発されたとしてもそれを広く供給できるかはまた別の問題だ。

米疾病対策センター（ＣＤＣ）のロバート・レッドフィールド所長は、二〇二〇年九月二三日、米国民全員が完全にワクチンを接種できるようになるのは二〇二一年四～六月か、場合によっては七月になるだろうと指摘している。ワクチンが第二波に間に合うかどうかは、極めて微妙な情勢だ。

コロナ恐慌第二幕――金融危機を覚悟せよ

やはりこういった時は、最悪の事態（ワクチンの開発・供給ができない状況で第二波を招いてしまうこと）を想定しておくことが肝要だ。先に日本経済は外需に大きく依存していると話したが、欧米が最悪の事態を迎えた場合、その外需の落ち込みは劇的なものになるだろう。

今回のコロナショックは、先のリーマン・ショックよりもはるかに実体経済を落ち込ませた。日米欧経済は、戦後最悪の落ち込みを記録している。中国も統計開始（一九九二年）以来で初めてのマイナス成長（四半期ベース）となった。

しかし、依然として金融危機は経験していない。これが、先の大恐慌やリーマン・ショックとの大きな差だ。世界中の中央銀行が、過去半年間にほぼ無制限の資産購入プログラムを実施したこともあり、金融システムは安定を維持しているとされる。

とはいえ、この先も金融危機の可能性がゼロかと言えば決してそうではない。二〇二〇年九月二五日、米カンザスシティー地区連銀のエスター・ジョージ総裁は「銀行システムが損なわれるリスクは依然として存在する」（ロイター二〇二〇年九月二五日付）との認識を示した。

同氏は、住宅ローンや企業融資などの債務不履行（デフォルト）の連鎖はまだ発生していないものの「本格的な景気回復には程遠い」とし、「三月以降の家計や企業のバランスシートの緊張は、銀行の収益性や損失吸収能力を今後も脅かしかねない脆弱性を生み出している」と警告した。とりわけ地銀に対しては、「警戒を怠ってはならない」と指摘している。

米ボストン地区連銀のエリック・ローゼングレン総裁も地銀に厳しい目を向けた。総裁は二〇二〇年九月二三日ロイターのインタビューに応じ、「年末にかけて、信用収縮のような問題に直面する可能性が非常に高いことが課題」だと述べ、秋から冬にかけて新型コロナウイルス感染が拡大し米国議会が追加経済対策で合意できなかった場合、消費者や企業による信用へのアクセスが困難となり、住宅の差し押さえや企業の破綻がさらに増えるとの見解を示している。また「企業の事業継続が困難となる中、商業用不動産向けローンの返済延滞が増えれば、とりわけ地銀が圧迫される可能性がある」（同前）と指摘した。

補足をすると、コロナ禍までの米国ではオフィスビルやショッピングセンター、ホテル、さらには農地といった商業用不動産の価格が高騰しており、これらのローン債権を束ねた「ＣＭＢＳ」（商業用不動産ローン担保証券）といった商品を通じ、利回りを求める投資家の資金が不健全と言える案件にまで流入していたのである。

たとえば、空きオフィスなどにも証券化商品を通じて莫大な資金が流れ込んだ。一般的に不動産デベロッパーなどの賃貸人は、賃借人からの賃貸料を債務の返済に充てるが、昨今のアメリカでは賃貸料に比べて物件の値段が上がりすぎており、景気悪化で賃借人が賃貸料を払えなくなれば賃貸人への貸し付けが一気に不良債権化すると、一部の投資家から恐れられていたのである。

まさに〝商業版サブプライム・バブル〟と言えるが、今回のコロナショックによりその破綻が現実味を帯び始めたというわけだ。

ＦＲＢの資産購入プログラムは、ＣＬＯ（ローン担保証券）やＣＭＢＳの一部を対象としているため、いったんは最悪のシナリオ（追い証と大量の差し押さえ、立ち退き、場合によっては銀行破綻という連鎖反応）は避けられたが、コロナ禍で人々の外出する機会が減った今、商業用不動産の先行きは暗いと言わざるを得ない。

米投資銀行グッゲンハイム・セキュリティーズのジム・ミルスタイン共同会長は、ブルームバーグ（二〇二〇年九月八日付）とのインタビューで二〇二〇年末にかけてデフォルト率の急上昇が見込まれ、金融市場が著しいボラティリティー局面（値動きの幅が大きい）に向かっているとの見方を示した。

インタビューでは、商業用不動産について言及しており、かろうじて破綻せずにすんでいる企業の中には家賃を支払っていないところもあり、賃料不払いが同業界全体に波及効果をもたらし、経済に「大きな打撃」となると述べている。また記事は、格付け大手のフィッチ・レーティングスがCMBSのデフォルト率（債務不履行になる確率）が二〇二〇年末までに一桁台後半に近付くと予測していると伝えた。

元モルガン・スタンレー・アジア会長で米エール大学教授のスティーブン・ローチ氏はCNBCのインタビューで、「経済は五〇％以上の確率で二番底に向かっている」と言い、その理由を「過去一一回の景気循環回復のうち、八回で二番底が訪れており、特に記録的な景気後退の後にはほとんど起きている」という歴史的根拠に基づいていると語る。「経済生産高は一時的に上昇するが、その後低下している。このようなことは、高い確率で起こっている」と述べた。

コロナ禍を脱した中国経済にデフォルト増加の死角

ところ変わって、中国でも金融危機への懸念が募っている。新型コロナウイルスの震源地である中国は、G20の中で唯一、二〇二〇年にプラス成長（通年）

を確保する見込みだ。ウイルスを拡散した張本人だけがプラス成長を確保するなど、心情的に納得できない人も多かろう。

とはいえ、中国経済には極めて危うい面がある。同国が深刻なほどの債務まみれの状態となっている点だ。コロナ禍に関係なく、中国経済は元々債務の増加によって維持されてきたようなもので、一部の体力のない金融機関の脆弱性が問題視されており、近年では地方の銀行で取り付け騒ぎが頻発している。

日本の不動産バブルの時は、民間セクター（家計＋金融部門を除く企業）の債務が対ＧＤＰ比で一七〇％以上にまで上昇した後に危機が訪れた。現在の中国はその水準を優に上回る。「中国の銀行システムは近年、あまり素晴らしい結果を生み出していない。減速する同国の景気は、大規模な借金に支えられている。国際決済銀行（ＢＩＳ）によると、民間セクターの負債は現在、国内総生産（ＧＤＰ）の二一六％相当。この結果、不良債権は積み上がり、負債を返済できないゾンビ企業が増えている」（ロイター二〇二〇年九月二八日付）。

また、ここ数年は国有か民営かに関わらず、中国企業のデフォルトが一本調子で増えてきているが、香港英字紙サウスチャイナ・モーニング・ポスト（二〇二〇年九月二三日付）がフランス投資銀行ナティクシスの統計を基に報じたものによると、二〇二〇年に入ってから中国企業の米ドル建て債のデフォルト規模が一二〇億ドル（約一兆二六〇〇億円）に達し、早くも二〇一九年の三倍となった。記事は、新型コロナウイルスの感染拡大、米中対立、原油価格の低迷などで中国企業の返済能力は低下しておりデフォルトが急増していると指摘。各セクターの中で、今後は「不動産企業」と「半導体企業」のデフォルトリスクが高くなると見通した。

ここにきて、中国人なら知らぬ者はいない不動産大手企業「中国恒大集団」（チャイナ・エバーグランデ・グループ）についてもデフォルトの可能性が報じられている。ブルームバーグ（二〇二〇年九月二五日付）は以下のように伝えた――「中国恒大集団（チャイナ・エバーグランデ・グループ）がデフォルト（債務不履行）の可能性について中国当局に警告した。同社が求める深圳上場を当局が認めなければ、中国の五〇兆ドル（約五二七四兆円）規模の金融システムが動揺する恐れがあるとしている」。

報道によると、中国恒大集団は広東省政府に宛てた二〇二〇年八月二四日付書簡で、広東省（深圳）に本社を置く中国恒大集団が深圳証券取引所に上場する認可を二〇二一年一月三一日までに得られない場合、同社の大株主となっている戦略的投資家の一部は投資資金の返還を求める権利があり、投資家側が期限延長を拒めば、中国恒大集団は同社が持つ現金および現金等価物の九二％に相当する最大一三〇〇億元（約二兆円）を支払う必要が生じる。

書簡では、こうした事態になれば、銀行や信託、ファンド、債券市場からの借り入れで「クロスデフォルト」を招く可能性があり、最終的には金融システムのシステミック・リスクにつながり得ると中国恒大集団は警告したという。中国恒大集団はこの書簡自体の存在を否定したが、同社が窮地にあることは間違いない。

中国恒大集団は、不動産開発会社として世界最大の債務（推定一三兆円）を抱えている。中国の不動産管理局は先に不動産会社の債務について「三つのレッドライン」を示したが、中国恒大集団は二〇一九年の時点で三つのレッドラインすべてを超えていた。レッドラインを超える企業は新たな借金ができなくなり、債務の規模も当局に管理される。同社は二〇二〇年九月七日に突如として「すべての不動産を三割引きで販売する」という方針を打ち出したが、これは値引きで迅速に資金を集めて負債比率を減らす必要があるためだ。

ブルームバーグが報じたところによると、中国金融当局の幹部たちも中国恒大集団が引き起こし得るリスクについて懸念しているという。その理由を以下のように伝えた――「同社は銀行、シャードバンキング（影の銀行）、全国の個人投資家に八八〇億ドル（約九兆二九五〇億円）の債務を負うなど、賃借関係が複雑に広がる。さらに世界の債券投資家から三五〇億ドルの資金を調達しているほか、未完成物件の頭金を二〇〇万余りの購入予定者が払い込み済みだ」（ブルームバーグ二〇二〇年九月二九日付）。

中国発の金融危機は半ばオオカミ少年と化し、実際に中国経済は主要国の中でも先んじてコロナ禍を脱出したように映るが、一方で社債や企業のデフォルトは過去最高水準に達しており、銀行の不良債権も増加の一途をたどっている。一党独裁であるがゆえ、計画経済の側面から中国経済は危機に強いという分析も多く聞かれるが、だからといって同国が債務を永遠に増やし続けることなどできない。どこかの時点で金融危機に直面することは不可避であり、そのトキが間近に迫っている可能性もある。

デフレの先に待つインフレ

「銀行が六ヵ月後、一二ヵ月後に帳簿を調べると、不良債権比率が二%ではなく二〇%になっていることが判明するということが起き得る。このため私は今回の危機の連鎖を非常に懸念している。公衆衛生の危機が、経済危機につながった。最終的には金融危機につながる恐れがある」（ロイター二〇二〇年九月一七日付）。世界銀行グループの国際金融公社（ＩＦＣ）のアジア太平洋担当役員のアルフォンソ・ガルシア・モラ氏は、ロイターとのインタビューに債務超過の拡大に伴う不良債権の急増でアジア太平洋地域が金融危機に見舞われるリスクがあるとの認識を示した。

これまでに米中の懸念材料を記したが、率直に言って火種は世界中に燻《くすぶ》っている。主要地域では最もコロナ禍の影響を受けたユーロ圏、そもそも脆弱な上に政治リスクまでも台頭している南米地域、はたまたここ数年は飛ぶ鳥を落とす勢いにあったアジア太平洋地域にも大きなリスクが浮上しており、ここ日本発の金融危機すら現実味を帯びている。現状で、将来が安泰といった地域は皆無に等しい。それほどの打撃を「グレート・ロックダウン」は世界経済にもたらした。

時間軸で言うと、あなたが本書を手に取ったその瞬間から二〇二二年くらいまではさらなる経済危機、より具体的には企業や社債などのデフォルト急増による金融危機への備えが最優先となる。下手をすると、一九三〇年代に世界経済が経験した大恐慌（大いなるデフレ）に匹敵する危機がやってくるかもしれない。

しかし、さらにその先を見通すと今度は一変してインフレへの備えが必要になるだろう。それも最終的には通貨の信認が棄損する事態、すなわち「大いなるインフレ」への警戒が必要になる可能性が高い。

現状は、世界中の「日本化」（長期のデフレに陥ること）が懸念されているが、一部の投資家たちは将来的なインフレの匂いを嗅ぎ取っている。

長らくジョージ・ソロス氏の右腕として活躍した著名投資家のドラッケンミラー氏は二〇二〇年九月九日、米ニュース専門局ＣＮＢＣのインタビューで、米国のインフレ率が「向こう四、五年の間に五～一〇％に達する可能性がある」との見方を示した。

八三ページのチャートをご覧いただくとわかるが、アメリカのインフレ率は一九八〇年代後半から四％を大幅に上回ったことがなく、ここ一、二年は物価目標の二％すら超えない水準が定着している。こうした物価がなかなか上がらない状態を「ディスインフレーション」と呼ぶが、ドラッケンミラー氏はこうしたトレンドが数年で一変すると予想しているのだ（ただし、同氏はデフレが続くシナリオの可能性についても言及している)。

とりわけ私たち日本人からすると、インフレ率が跳ね上がる事態などにわかには信じがたいが、アメリカをはじめとする各国政府の「大盤振る舞い」(財政出動)、中央銀行の積極的すぎるほどの「金融緩和」、コロナ禍に伴う「供給制約」、といった条件を顧みると、数年以内にインフレが到来すると予想するのも十分に頷ける。

一方、中央銀行がお金をジャブジャブに供給しても確実にインフレが起こるわけではないということを、先のリーマン・ショックは証明した。これは、将来に明るい展望を持つことができず、企業や家計がお金を使わなかったからだとされる。こうしたトレンドが今後も続き(むしろコロナ禍で加速し)、デフレの長期化を予想する向きは少なくない。オーソドックスに考えれば、こちらのシナリオの実現味の方が高いようにも思える。

しかし、それでもインフレの到来を警戒すべきだ。というのも、久々のインフレ到来は、世界情勢を極端なまでに一変させる力を秘めているからだ。その

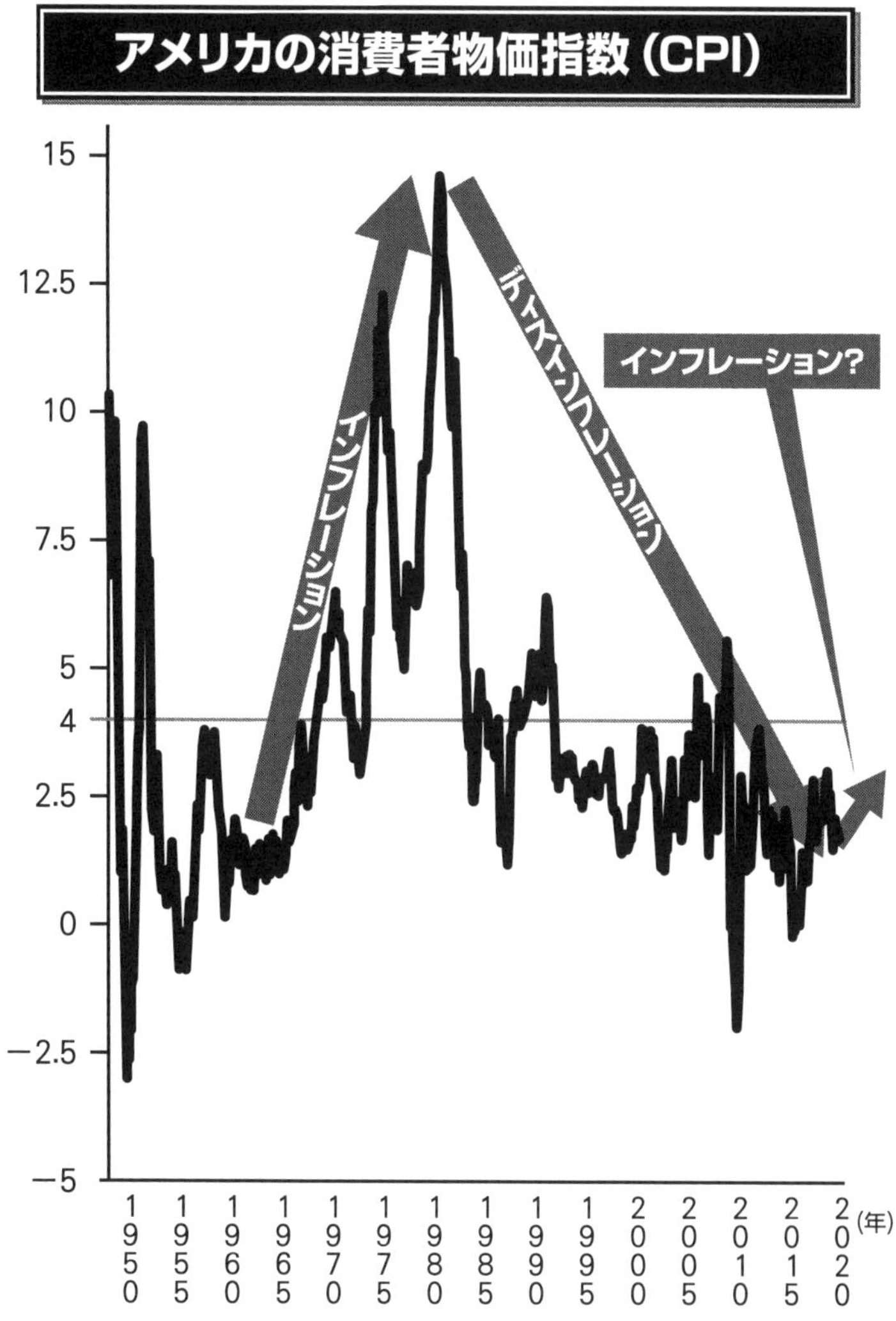

www.CEICDATA.COMのデータを基に作成

ことは後述したい。

インフレは何も解決しない

ところで、インフレ発生のメカニズムは現在でも研究が行なわれているが、実際のところよくわかっていない。需要過多や供給不足というのが教科書的な回答だが、これ以外にも多くの要素があると考えられている。その一つが、政治家による中央銀行の私物化だ。

「他国の経験および米国の過去の歴史が示唆するものは、いったん政治家が金融政策の手綱を握れば、その後にはインフレがしばしば到来するということだ。一九六〇年代と一九七〇年代において、リンドン・ジョンソン大統領とリチャード・ニクソン大統領がFRBに利上げをしないよう圧力をかけ、一九七〇年代のインフレ高進の土台を作ることになった」（ウォールストリート・ジャーナル二〇二〇年一月一六日付）。

改めて八三ページのチャートをご覧いただくとわかるが、一九六〇年代後半から一九八〇年代にかけてアメリカのインフレ率は、一〇%にまで跳ね上がった。ウォールストリート・ジャーナルは、その原因の一端が政治家による中央銀行への〝圧力〟にあったと分析している。まさにその通りであろうが、現状は世界中で政治家による中央銀行への圧力が常態化しており、これこそが投資家が将来的なインフレを懸念する最大の理由だ。

「財政赤字の拡大が各国政府の信用を揺るがし、通貨価値の毀損という形で過度のインフレを引き起こすリスクが意識される」(『日経ヴェリタス』二〇二〇年八月九日号)。UBSウェルス・マネジメントの日本地域最高投資責任者(CIO)の青木大樹氏はこう危機感を示した。

経済協力開発機構(OECD)が二〇二〇年八月一〇日に公開したレポートによると、加盟三七ヵ国の公的債務残高は二〇二一年には二〇一九年に比べて約一二兆ドル(約一二六〇兆円)増加する。一七%という、かつてない上昇率だ。今回のコロナ禍によって、日米英などの政府債務は先の大戦時の水準に匹敵することとなる。

結果的に、各国政府は中央銀行の低金利政策に依存せざるを得ない状態だ。アメリカでは、債務が大幅に増える中でも低金利によって政府の利払い負担が軽減するという、一見すると信じがたい事態が起きている。ちなみに、こうした珍事は日本でも長らく起こってきた。

次にインフレが台頭した際、果たして世界の中央銀行はインフレ退治（利上げ）に動くことができるのか、という疑問が生じる。インフレ率の上昇は、否応なしに長期金利の将来的な上昇を想起させるが、金利の大幅な上昇は、すなわち債券バブルの崩壊を意味するため、金融危機が誘発される可能性はほぼ確実だ。

国際金融協会（ＩＩＦ）によると、世界全体の債務残高は二〇二〇年一―三月期に過去最大の二五七兆ドル（約二京七〇〇〇兆円）に達しており、全世界の対ＧＤＰ比三〇〇％以上となっている。しかも、コロナ禍に伴ってこの数字がさらに膨らむのは確実だ。

こうした状況下でインフレが台頭すれば（金利が上昇すれば）、大惨事である。むしろ、中央銀行は金融危機や政府の財政危機を防ぐために低金利政策を維持せざるを得ないのではないか。もちろん、そんなことをすれば通貨が売られ、ひいては輸入物価が上がり、さらに通貨が売られ、という〝インフレスパイラル〟に陥る可能性が格段に高まる。

とりわけ日本は、将来的にそうした状態に陥る可能性が高い。前出ＩＩＦによると、日本の二〇二〇年一―三月期の総債務残高（政府と民間の合計）は二八兆二〇〇〇億ドルで対ＧＤＰ比五六二％超となり、主要国内でも突出している。金利上昇に世界一耐性がないと見られる。

世界的にグローバル化が花開いた一九八〇年代から、インフレ率は趨勢的に低下トレンドをたどったが、そうした四〇年来のトレンドがいよいよ変わりそうな気配が今回のコロナ禍を機に出てきている。

もちろん、まずはさらなるデフレに備えるべきだ。そして時期としては、二〇二二〜二五年頃だろうか、今度はインフレを大いに警戒すべきタイミングに入る。

繰り返しになるが、次にインフレが台頭すれば、それは大惨事に発展するはずだ。それは史上最大規模の債券バブルの崩壊、もしくは通貨価値の信認棄損という二択である。そして、その時私たちの日本国は大破産する。

第四章　二〇〇〇万円問題のウラ話

「老後二〇〇〇万円問題」とは何だったのか?

今や、コロナ禍の話題があふれすぎており、それが起きる前のすべての話題をかき消してしまっている。「昨年二〇一九年の話題は?」と質問したとしても、すぐに答えられる方は少ないのではないか。一度、よく思い出してほしい。検索サイトで「二〇一九年　話題」と検索すると、ラグビーワールドカップや令和元年、そしてイチロー引退などの話題を容易に見つけることができる。「そんなことがあったなぁ」と懐かしく思われた方も、何か重要なことを忘れていないか。検索サイトでもほとんど引っかからないが、あなたの未来に関わる重大な話題が確かあったはずだ。そう、「老後二〇〇〇万円問題」である。

〝老後二〇〇〇万円〟という言葉だけで、ほとんどの方はそれが年金の話だとわかるだろう。普段は、年金は複雑で難しそうだからとあまり関心を持っていなかった方も、あれだけテレビやマスコミが騒いでいたから嫌でも耳に入ってきたに違いない。

今更であるが、〝老後二〇〇〇万円〟とは老後生活を考えた時、年金だけではその生活費を賄えず二〇〇〇万円ほど足りないという言葉である。その真偽はともかくとして、大の大人であればこの騒動は当然知っているべきだし、何らかの議論が必要だと感じていた方は多いはずだ。

ところが、ある意味社会現象となったこの老後二〇〇〇万円問題に、フタを被せてなかったことにしてしまった人たちがいる。当時の麻生副総理兼金融担当大臣ならびに森山裕自民党国会対策委員長、そして安倍内閣の面々である。その影響からか、それとも話題に飽きただけなのか、昨今では老後二〇〇〇万円問題などなかったかのごとく、話題の端にも上らない。

冗談ではない。私たちの最も重要な将来の案件に対して、まったく問題は解決されないまま放置されているのだ。この話題を、決して風化させてはならない。「老後二〇〇〇万円問題」を改めて検証して行こう。

ことの発端は、二〇一九年五月二二日に存在が明らかになった「金融審議会市場ワーキング・グループ『高齢者における資産形成・管理』報告書」（案）のレポートである。この中で、働いていない高齢夫婦世帯の平均的な姿の収入と支出を比較し、毎月五万円超が足りないと指摘された。そして、年金をもらい始めた後の人生が、二〇年では約一三〇〇万円、三〇年では約二〇〇〇万円足りないという試算が出されたのである。

その時点で、すでに国民からは不安の声が上がっていた。ただ、それが本格化したのは少し後のことだ。一部修正が加えられたものの、ほぼ最初の案通りに金融庁がその報告書「金融審議会　市場ワーキング・グループ報告書『高齢社会における資産形成・管理』」を六月三日に公表すると、一気に火がついた。

あおったのはマスコミだ。「年金だけでは老後二〇〇〇万円足りない」と断片的な情報をまるでキャッチコピーのように騒ぎ立てたため、「二〇〇〇万円も貯められない」「年金の『一〇〇年安心』はどこに行った」というバッシングの嵐が国民から巻き起こったのである。

六月三日の発表当初、金融庁を統括する責任者である立場の麻生金融担当大

金融庁発表のレポートで老後生活の試算が発表された

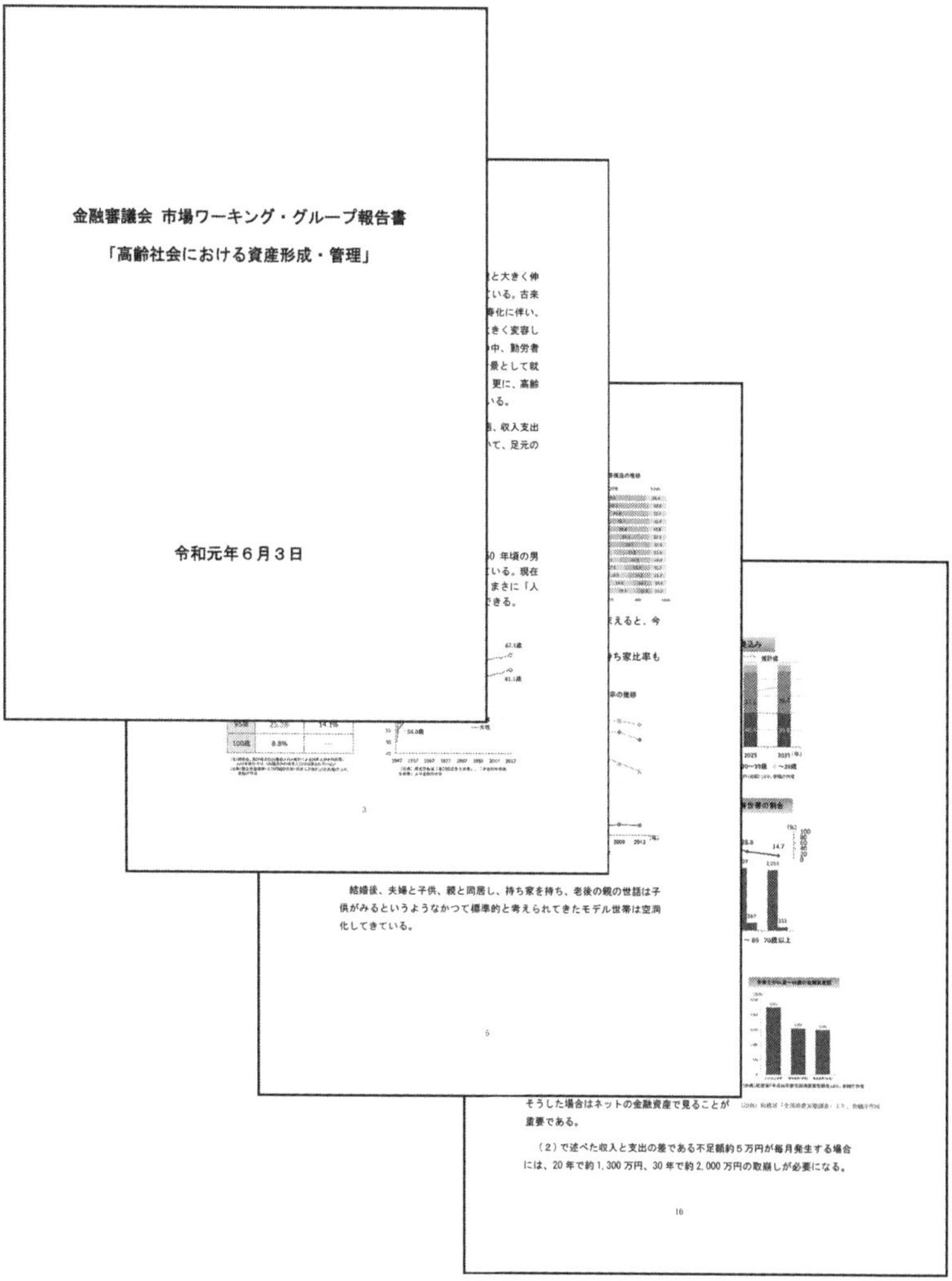

出典：金融庁ホームページ

臣は、このレポートに対して肯定的であった。一〇〇歳まで生きる前提で人生設計をすることの意味を称賛した上で、きちんとしたものを今のうちから考えておかなければいけない旨を、マスコミの前で堂々と語った。

ところが、国民からのバッシングが起きるとすぐさま掌を返した。六月七日に年金だけでは赤字になるという表現が不適切であったと語ると、一一日の記者会見では今回のレポートを「正式な報告書としては受け取らない」と宣言するに至った。その宣言を受けて、翌日一二日、森山裕国対委員長があきれる対応をとり、火に油を注いだ。正式な報告書として受け取らなかったことから、その報告書の存在を〝ない〟ものとして扱ったのである。一二日の毎日新聞の記事によると、森山裕国対委員長は「この報告書はもうないわけですから。なくなっているわけですから。予算委員会にはなじまないと思います」（毎日新聞二〇一九年六月一二日付）と回答している。

この発言を受けて、国民からの批判はさらにヒートアップしている。ツイッターなどのSNSでは、「改ざんそのもの」「国民をなめている」「いい加減にせえ」「都合の悪いものは改ざんする詐欺商法そのもの」「公文書の改ざんをなんとも思わない政権」など、罵詈雑言が飛び交った。

一四日、金融庁の幹部が世間に著しい誤解や不安を与えたという名目で謝罪し、最終的に政府が一八日、老後資金に二〇〇〇万円が足りないとされた今回のレポートに対して、正式な報告書として受け取っていないことを理由に回答を拒否する答弁書を閣議決定した。

そして、それから三ヵ月経った二〇一九年九月二五日に行なわれた金融審議会の総会では、例の報告書について議題としないことが決められた。金融審議会で承認を得なかった報告書は、その後行政運営に活用されることはなくなり、報告書は完全に〝なかったこと〟にされたのである。

一連の騒動で憤《いきどお》る一般国民も多かったが、この報告書をまとめた側もやりきれない思いを抱えていることだろう。この報告書の作成に携わった一人であるセゾン投信株式会社代表取締役社長の中野晴啓氏は、二〇一九年六月一一日のテレビ朝日の「報道ステーション」でその報告書にどれほどの議論と時間をかけたのかを語り、その無念さを吐露した。それと同時に、「政府が納得するためにしているわけではない」と今回の茶番劇をバッサリ斬り捨てている。

こう憤《いきどお》るのも無理はない。今回の報告書は、有志で集まったメンバーが勝手に作成したものでは決してない。報告書は、「金融審議会」の市場ワーキング・グループがまとめたものなのだ。金融審議会とは、金融制度や資本市場など国内金融関係の重要な事項について、調査・審議を目的に設置された内閣総理大臣、金融庁長官および財務大臣の諮問機関である。諮問機関とは、会社で言えば顧問や相談役という立ち位置で、その金融審議会のメンバーを任命するのは会社の社長にあたる内閣総理大臣と決まっている。

つまり、今の政府は自分たちで雇った調査メンバーが多大な労力とコスト、時間をかけて作成した報告書を、自分たちにとって都合が悪いものだったという理由から〝なかったこと〟にしたのである。

しかも、一番ひどいのは麻生氏ではないか。通常、この審議会が審議するテーマは、金融担当大臣の立場である麻生氏であれば当然知っているべきこと

老後2000万円問題の経緯

2019年 5月22日	「金融審議会　市場ワーキング・グループ 『高齢者における資産形成・管理』報告書」(案) 発表
6月　3日	「金融審議会　市場ワーキング・グループ報告書 『高齢者における資産形成・管理』」公表
6月　4日	“年金だけでは老後2000万円足りない”と マスコミ各社が報道。国民からのバッシング
6月　7日	麻生氏、年金だけでは赤字になるという表現が 不適切であった旨を発言
6月10日	麻生氏「全体を読んでいるわけではない」と発言
6月11日	麻生氏「正式な報告書としては受け取らない」と 宣言
6月12日	森山氏「この報告書はもうないわけですから。 なくなっているわけですから。 予算委員会にはなじまないと思います」と発言
6月14日	金融庁幹部が、世間に著しい誤解や不安を与えた という名目で謝罪
6月18日	正式な報告書として受け取っていないことを 理由に回答を拒否する答弁書を閣議決定
7月21日	参議院総選挙
9月25日	金融審議会の総会で、 報告書を議題としないことを決定（承認せず）

である。なぜなら、大臣は審議会に専門的な見識を依頼している立場なのだ。そういった経緯があったからこそ、受け取った当初、麻生氏はその報告書に対して偉業を成し遂げたように称えたのである。

しかし、批判が起きるとすぐさま前言を翻した。六月一〇日の参議院決算委員会で例の報告書に話題が移ると、「全体を読んでいるわけではない」と驚くべき発言をしているのだ。専門家の見識を依頼し、その結果出てきた報告書をしっかり読んでいないとはどういう了見なのか。

一方で、実は与党側でもこの報告書に対して恨み節が出ていた。時期が悪すぎるというのだ。報告書が公表された六月は、七月二一日の参議院総選挙を控えた時期だった。六月一一日の毎日新聞では、「金融庁は野党の味方か」「なんであんなもんを選挙前のタイミングで出してきたのか」（毎日新聞二〇一九年六月一一日付）と憤《いきどお》りをあらわにした与党の議員や幹部がいたことを報道した。話題が年金だっただけに、二〇〇七年の悪夢が頭をよぎったに違いない。

二〇〇七年に行なわれた参議院総選挙で、年金記録問題（社会保険庁が管理している年金記録に誤りや不備が多数見つかり、年金のずさんな管理状態が明らかになった問題）で与党が過半数割れして大敗を喫した。それと同じ轍を踏むのではないかと危惧したわけだ。完全に逆恨みでしかないが、「もっと（報告書の時期と内容を）忖度してほしかった」というのが与党の本音だったのではないだろうか。

報告書の本来の意図は〝貯蓄から投資へ〟

公式にはなかったことにされ、「老後二〇〇〇万円足りない」との内容に国民からは非難を浴びた「金融審議会　市場ワーキング・グループ報告『高齢社会における資産形成・管理』」は、その内容を覗くと至極まっとうなことが書かれている。この何の変哲もない報告書が、あるところではかなり評判が高い。それは金融機関などである。

ここで誤解が生じるといけないので断わっておくと、金融機関などが報告書の中身の素晴らしさをそのまま絶賛しているわけではない。では何かと言えば、今回マスコミによって囃《はや》し立てられ、社会現象にもなった「老後二〇〇〇万円足りない」という強力なキャッチフレーズである。公式ではないにしても、金融庁が具体的な金額を提示し自助努力の必要性に対して言及したわけで、その意味は大きい。また、これだけ年金問題を世間に知らしめたマスコミも、金融機関にとっては拍手喝采を送るべき相手と映ったことだろう。

なぜなら、金融機関などが営業トークをする際に、このキャッチフレーズはまさにうってつけなのである。「年金が二〇〇〇万円足りないわけですから、自分で運用するしかないですよ。たとえば、この投資信託はどうですか」といった具合に、である。

そして、実はこの報告書の目的は、まさにそこにあった。もちろん報告書が投資信託の宣伝のために作られたわけではないが、本来の目的は自助努力（自分で運用すること）を促すことであった。年金の穴（足りない部分）を指摘するだけでなく、貯蓄から投資への流れを促進する目的があった。貯蓄で滞留しているお金を投資に向けることで、経済を活性化しようというもくろみである。

この五年ほどの短期で見ても、ニューヨークダウは最高値を幾度となく更新している。その一方で日経平均は、バブル崩壊前の最高値を更新していないのはもちろんのこと、二〇一八年に付けた二万四二七〇円さえも一度も超えていなかった（二〇二〇年一〇月末時点）。

もっと長期の視野でみると、日本の株式市場がいかに情けない動きをしていたのかがよくわかる。日経平均は一九八九年一二月二九日の大納会に付けた三万八九一五・八七円をピークにその後バブル崩壊で大暴落したわけだが、その最高値をこの三〇年の中で一度も上に抜いたことがない。それに対してアメリカは、一九八九年末のニューヨークダウは二七五三・二〇ドルであるのに対し二〇一九年末は二万八四六二・一四ドルとこの三〇年で一〇倍になっており、その差は歴然である。そしてニューヨークダウは、二〇二〇年になってもさらに最高値を更新しているのである。

また、アベノミクスが始まるのと時期を同じくして、年二%のインフレターゲットが目標に掲げられたわけだが、あれから約七年経った今に至るまで一度も達成されることはなかった。資金は滞留し、積極投資には動かず、国債や日本株を大量に購入して積極的に運用するのは日銀ばかり。その現状をなんとか打破しようと、報告書の作成に至ったのではないだろうか。

いずれにしても報告書は、公には〝なかったこと〟にされたわけだが、あれだけの騒ぎで世間が年金問題に注目したことを考えると、本来の役割をきちんと果たしたのかもしれない。少なからず、今の年金制度は何らかの問題を抱えていて、年金任せではなく自助努力が必要である旨がかえって強調され、国民に知れ渡ることになったのである。

GPIFでは年金の運用は後回しで……

この章のポイントは「二〇〇〇万円問題」であるが、せっかく年金に焦点を当てているので、その運用についても触れておこう。実は、この〝年金の運用〟

がなかなかの曲者なのである。

まず公的年金には積立金が一六〇兆円程度あり、ＧＰＩＦ（年金積立金管理運用独立行政法人）が運用を行なっている。ＧＰＩＦのメンバーは経営委員長一名、経営委員八名、理事長一名、理事二名、職員一三六名で構成されている。ホームページから職員の採用条件や役員、経営委員の経歴などを見ると、優秀な人材を幅広く募集し、獲得しようとしていることがわかる。

では、優秀な人材を集めてよほど特別な運用を行なっているのかと言えば、そうではない。ＧＰＩＦが行なう運用とは、少し金融をかじったことがあれば誰が運用者になっても大きな差が付かない構造になっている。

どういうことかと言うと、ＧＰＩＦの運用は、信託銀行や投資顧問会社と投資一任契約を締結した上で運用機関に委託するものと、自らが運用するものの二つのスタイルがある。ＧＰＩＦは、規定によって直接日本株の個別銘柄へ投資することができず、ほとんどは運用会社と一任勘定の契約を結んで運用を任せているのである。自らが運用する場合には、国債や社債などの債券、そして投資信託の売買が認められている一方で、個別銘柄を売買するなどのそれ以外の行為は認められていない。

GPIFの運用は、扱うものが国民から集めたお金だから、情報公開はある程度しっかりしている。直近の二〇一八年度の業務概況書は一〇〇ページを超える資料で、そこに投資先が運用額と共に掲載されている。それで確認すると、二〇一八年度末の運用総額は一五九兆二一二四億円あり、そのうち約二割の三四兆一八八五億円が自らの運用で、残り約八割の一二五兆二三九億円は運用機関に委託されている。二割もの額を約一五〇名の少数精鋭で自ら運用しているのかと驚いたかもしれないが、中身を見るとそうではないことがわかる。

投資信託を購入し、結局は運用をお任せしている部分、運用よりも流動性を重視し短期資産として置いている部分、基準となるベンチマークに従って選択の余地なく債券を購入している部分、こうした「さほど労力がかからない部分」がほとんどで、それらを除くと残りは三兆三五四億円となる。三兆という額は大きいようにも見えるが、全体から見ると二%にも満たない。しかも、積極的に自分で運用する部分は国内の債券に限っているため、ある程度信用力がある地方自治体や企業などの債券を見繕えばそれでおしまいなのである。

もちろん原資が国民の大切な年金積立金だから、あまり突拍子もない運用をされても困るのだが、現状の運用では少し金融に通じている人であれば誰でも簡単にできるだろう。しかも運用にそれほど人数は必要なく、ほとんどの人は暇を持て余しているか、他所事に力を注いでいるのではないかとさえ思える。

年金運用機関の疑惑

そして、それを感じさせる事件が昨年起きている。報じたのは『東洋経済オンライン』だ。記事の日付は二〇一九年一一月二一日、『東洋経済オンライン』に掲載されたその記事のタイトルは「衝撃事実！ＧＰＩＦ理事長『処分』は謀略だった」である。

記事の概略はこうだ。二〇一九年一〇月一八日に事件は始まる。ＧＰＩＦのリリースで公表されたのだが、部下の女性との不適切な関係を疑われた高橋則広理事長に対してＧＰＩＦ経営委員会が〝二〇％の減給六ヵ月〟の処分を決めたのである。

しかし、このＧＰＩＦから出されたリリースをよく読むと、不適切な関係の事実確認はできておらず、処分の理由は理事長宛に不適切な関係を告発する怪文書が届いていたにも関わらず、それを速やかに監査委員などに内部通報しなかったことになっている。つまり、事実確認はしなかったが怪文書の存在が発覚したことで理事長を処分し、その旨を公表したわけだ。おかしなリリースではあるが、その怪文書の内容が事実であれば当然の処置だろう。

ところが、この事件には続きがある。そのリリースで指摘された理事長の不適切な関係、つまり怪文書の内容がまったくのでたらめであることを抗議する告発文が届いたのである。

送り主は、不適切な関係を疑われた女性からである。代理人の弁護士から一一月一一日付でＧＰＩＦ総務部総務課企画役宛に配達証明付きで送られたのだ。

制裁、処分が謳われているリリース

GPIF

年金積立金管理運用独立行政法人

令和元年10月18日

役員の制裁処分の実施について

当法人経営委員会は、本日付けで、下記役員を制裁処分といたしました。

このような事態が生じたことは、誠に遺憾であり、深くお詫び申し上げます。

本事案を重く受け止め、全役職員に対する綱紀粛正と研修等を通じた再発防止策の徹底により、国民の皆様から信頼される組織づくりに努めてまいります。

記

1．被処分者及び処分内容

（被処分者）　理事長
（処分内容）　減給（期間6ヶ月、俸給月額の5分の1相当）

2．処分の理由

内部統制の要である被処分者が、疑念を招きかねない行為を重ねた上、当該行為につき複数回通報等がなされたのに、それを監査委員及び経営委員長等に報告するなどの内部通報扱いを速やかにせず、内部統制上の迅速な対応を怠ったため。経営委員会の上記処分の議決は、全員一致による。

○　具体的には、経営委員会としては、以下の判断を行った。
① 特定の女性職員と多数回にわたり会食を行うなど特別な関係にあることを疑われかねない行為があった。
② 被処分者に提供されている公用車に当該職員を複数回にわたり同乗させており、上記①を合わせて勘案すると、公私混同を疑われかねない行為があった。
③ 当該職員の採用が、当時、被処分者による情実採用であったと認定することはできないが、被処分者が過去の勤務先に対して職員公募採用の応募方法を情報提供し、これに当該職員が

1

分者による情
れている公用
者宛て書簡等
どの内部通報
」及び「【9】
法人の「制裁
アンス研修を
、再度、周知
と当該職員と
る情実採用
に至り、内
て、被処分者
めであった。
た事実はな
談してい

以　上

出典：年金積立金管理運用独立行政法人ホームページ

書類の内容は、女性が不適切な関係を迫られた相手は別の理事で、高橋則広理事長にはそのセクハラに対して相談をしていたという。主に社外での相談となったのは、社内に知られないようにしたため。そして、この女性がなぜ内部通報せずに理事長に相談したかといえば、実はその別の理事がコンプライアンス・オフィサーであり、内部通報の窓口であったためだというのだ。

この事件の真実は判明せずそのまま迷宮入りし、今後再び姿を現すことはない。というのも、一一月一八日に開かれたＧＰＩＦの経営委員会では、当該の別の理事に対してのセクハラ調査を行なうことに消極的だったためだ。理由は、その別の理事がセクハラ疑惑を強く否定しているためという。

しかし、これはおかしな言い訳である。高橋則広理事長の時には、事実確認が行なわれることなく処分が下されたのである。その処分はＧＰＩＦのホームページ上のリリースに掲載され、それは今でも残っている。リリースはＰＤＦデータで、ファイル名は「1018_seisai_shobun」〝制裁〟〝処分〟と強い言葉が並び、高橋理事長を痛烈に批判しているのがわかる。それなのに、次に名前が挙がった別の理事については一切糾弾されず、その後この事件に対してリリースは出ていない。

実は、この事件にはもう一つの面が隠されていると記事は伝えている。それは、首相官邸による霞が関人事への介入の疑いである。理事長の処分される原因となった怪文書は、二〇一九年夏に送られている。その怪文書の調査が九月二〇日に始まったのだが、それはちょうど今回の事件の当事者と言われる理事含め二人の理事の任期切れが迫っている最中であった。その二人の理事は、任期が切れた後に退任することが厚労省で既定路線になっていた。しかし怪文書により高橋理事長が足を引っ張られたことで、逆転人事が発生した。任期切れに伴う二人の理事の再任が決まったのである。この一連の流れの不自然さに、何らかの裏を感じざるを得ない。

そして、『東洋経済オンライン』だけではなく他の週刊誌などでも報じられているが、この事件の裏側では任期切れで退任予定の理事が親しい政治家である世耕弘成氏（当時参議院自民党幹事長）を頼りその希望が世耕氏から菅官房長官（当時）に伝わったことで、今回の逆転劇が生じたという。

仮に、このような陰謀めいた人事関与があったのであれば、なおさら今後話題に出したくないだろう。本来ならこの事件は、一般には知られることなく終了するもくろみだったのではないか。しかし、『東洋経済オンライン』が記事を掲載したことで、一般にも知られることになった。

それでもGPIFの経営委員会では強引にことなかれ主義を押し通そうとしたわけで、よほどのことがなければ今後、GPIFでこの話題には触れられないだろう。ひょっとすると、『東洋経済オンライン』の記事に対しても掲載削除の圧力が働いていた可能性がある。記事は一一月二一日にホームページに掲載されたが、その後一一月二二日と一一月二五日の二回にわたって加筆修正され、一一月二九日にはプライバシー配慮のためにと一部表現が見直されている。合計三回の手直しが入っているわけだが、他の『東洋経済オンライン』の記事があまり手直しされていないものばかりであることを考えると、この手直しは明らかに多いのである。

いずれにしても、ＧＰＩＦの運用現場はセクハラ騒動や足の引っ張り合い、偽計、権力闘争など、本来運用とは関係がない負の仕事に注力している輩が跋扈する世界のように映る。このような運用現場であるなら、いずれＡＩによる自動運用に変えた方がよっぽど良いであろう。実際に行なう運用はそれほど難しいものではなく、人手もそれほどいらないのだから。

ただ、たとえ国民がそれを望んだとしても、決してそうはならないだろう。なぜならＧＰＩＦは、世界最大の運用機関と呼ばれるほどの運用規模を持ち、その資金を株式や債券などに注力できるという巨大な利権が絡んでいるからだ。

年金はまさに現代の大本営発表

政府が都合の悪い事実は隠し、良い情報ばかりを伝える――これは太平洋戦争時がまさにそうだ。あの時も政府から出される情報は、〝勝利〟ばかりの国民にウケの良い大本営発表であり、不都合な事実はすべて握り潰された。現代の年金は、まさにこの構造なのである。「一〇〇年安心」という、ウケの良い言葉に合わせた情報ばかりが伝えられているのである。

そして例の報告書のように、その年金神話にそぐわないと判断されると政府によって握り潰されるのである。太平洋戦争時も今も、都合の悪いものはすべて握り潰してなかったことにしてしまう体質は、まったく変わっていない。

そして、気を付けてほしいのは、太平洋戦争時のように情報の管理統制まで始まっている可能性が否定できないのだ。もちろん今更「一〇〇年安心」という言葉を真に受けて信じている方はいないと思うが、「国がやることだから最終的になんとかしてくれる」と考えている方は多いのではないか。

それではダメだ。結果は壊滅的な敗戦に至った先の大戦時と同様、こういう輩を信じても最終的に誰も責任を取らない。

忠告しよう。もし、大本営発表を少しでも信じて対策がなおざりになっているとしたら、今すぐにその考えを正して対策をしっかりするべきである。〝困った時の神頼み〟のように他人任せではいけない。〝神は自ら助くるものを助く〟

であり、自助努力をすることで自ずと道が開けてくるのである。

ただ、このように言うのは簡単であるが、実際に行なうとなるとかなり現実が厳しいことに気付くであろう。事態はさらに深刻なのである。なぜなら、前代未聞の国家破産によるインフレという絶望的なテーマが私たちの将来に立ちふさがっているのだ。詳細は次章以降に取り上げて行くので、心して読み進めていただきたい。

第五章

よく計算してみれば、やはり一億円必要だ！

二〇〇〇万円で足りる？

「二〇〇〇万円用意しろ」と、急に言われても……。二〇一九年に発表された「老後に約二〇〇〇万円の貯蓄が必要」とした金融庁の報告書は、大変な物議を醸した。ひと昔前までの「現役時代は一生懸命働いて、定年後は年金で悠々自適に暮らす」といったモデルが通用しなくなり、老後の生活が以前よりも厳しくなることは国民の多くが感じているにしても、いざ二〇〇〇万円という具体的な数字を突き付けられ困惑した人も多かったことだろう。

それはそうだろう。もちろん二〇〇〇万円持っている人は世の中にたくさんいるだろうが、二〇〇〇万円に遠くおよばない貯蓄額で老後を迎える人も多いのだ。むしろ後者の方が多数派だ。

日銀の資金循環統計（速報）によると、わが国の個人金融資産は二〇一九年六月末時点で一八六〇兆円となっている。これは国民一人につき一五〇〇万円弱に相当する。平均すると、日本国民は一人当たり一五〇〇万円の金融資産を保有していることになる。「そんなにないよ」という人も多いだろうが、一五〇〇万円という金額は一八六〇兆円を全人口で割った単純平均だから、個々の資産額には相当なバラツキがある。

では、平均的な家庭が保有する金融資産額はどのくらいあるのだろうか？金融広報中央委員会「家計の金融行動に関する世論調査（二〇一九年）」によると、二人以上世帯の金融資産保有額は平均値が一一三九万円、中央値は四一九万円となっている。この数字には、金融資産を保有していない世帯も含まれている。これが金融資産保有世帯だけで見ると、平均値が一五三七万円、中央値は八〇〇万円となる。平均値は一部の資産額の多い人に引き上げられる傾向があり、中央値の方が実態に近い。つまり、一般家庭の個人金融資産は数百万円から一〇〇〇万円弱が平均像と考えてよいだろう。

読者の中には、今の貯蓄が一〇〇〇万円くらいあり、二〇〇〇万円なら老後を迎えるまでになんとか貯められるという人もいるだろう。それなら老後は安泰かというと、答えはノーだ。その人の状況にもよるが、二〇〇〇万円の貯蓄で「人生一〇〇年時代」とも言われる長い老後を乗り切るのはかなり厳しい。少なくとも、悠々自適の老後生活というわけにはいかない。やはり、一億円くらいはないと安心して老後を生きることはできなくなりつつある。

老後資金はいくら必要か？

老後を過ごすのに必要な資金はいくらくらいだろうか？　当然、必要額には個人差があるが、年間の生活費に老後の期間をかければ最低限の必要額を算出することができる。

まず、生活費については生命保険文化センターが発表する「生活保障に関する調査」が参考になる。令和元年度の同調査によると、夫婦二人で老後生活を送る上で必要と考える最低日常生活費（月額）は「二〇～二五万円未満」の分布が二九・四％と最も多く、平均額は二二・一万円となっている。

もちろん、これはあくまでも最低限必要な生活費であるから、旅行に出かけたり記念日などに少しかしこまったレストランに行くといった、ちょっとした贅沢をする余裕はない。これらの「ちょっとした贅沢」をするには、もう少し余裕が必要になる。同調査によると、「ゆとりある老後生活」を送るための費用（月額）は平均で三六・一万円となっている。最低日常生活費に一四万円上乗せする必要があるわけだ。この金額を基に年間の生活費を計算すると、最低日常生活費が二六五・二万円、ゆとりある老後生活費だと四三三・二万円となる。

次に、老後の期間を考えるにはやはり平均寿命が参考になる。厚生労働省が発表した「平成三〇年簡易生命表」によると、二〇一八年の日本人の平均寿命は女性が八七・三二歳、男性が八一・二五歳といずれも過去最高を記録した。老後を六五歳からとすると、女性は二二年、男性は一六年ほどとなるが、これはあくまでも平均寿命を基にしているため、個人個人で相当なばらつきがある。

しかも、実際には多くの人が平均寿命よりも長生きする可能性が高いのだ。平均寿命とは、生まれたばかりのゼロ歳時における平均余命を示す。若いうちに亡くなるケースも計算に含まれるため、発表される平均寿命は実際の寿命よりも短くなる傾向があるのだ。

「簡易生命表」には、ある年齢に達した人がこの先何年生きるかを推計した「平均余命」も掲載されている。それによると六五歳の人の平均余命は、女性が二四・五年、男性が一九・七年となっている。つまり、六五歳の人は女性が八九・五歳、男性が八四・七歳まで生きると推計されているわけだ。

しかし、実際の寿命はこの平均余命よりもさらに長いと指摘するのが医療経済学者の永田宏氏だ。永田氏によると、厚生労働省が発表する平均寿命や平均余命は年齢別の死亡率が変わらないという前提で計算されるが、医療の進歩などで死亡率が低下しているため、各世代別の平均余命は年齢を重ねるにつれ長くなるという。『マネーポストＷＥＢ』（二〇一八年一二月四日付）の記事の中で永田氏は、厚労省の「簡易生命表」を基に生まれた年ごとの寿命を独自に計算し、二人に一人がその寿命まで生きる「五〇％生存年齢」と、四人に一人がその寿命まで生きる「二五％生存年齢」として発表している。六五歳を迎えた一九五五年生まれの五〇％生存年齢は女性が九五・五歳、男性が八八・三歳、二五％生存年齢は女性が一〇〇・五歳、男性が九四・三歳となっている。現在六五歳の女性の四人に一人は一〇〇歳まで生きるということだ。

ちなみに、さらに若い一九七七年生まれの女性については、五〇％生存年齢が一〇〇歳、二五％生存年齢が一〇五歳に達する。現在の四〇代女性は、二人に一人が一〇〇歳まで生きるということで、実に衝撃的な試算だ。一〇〇歳の人が「長生きですね」と言われる時代が終わるのは、そう遠い未来のことでもなさそうだ。世間で言われているように、まさに私たちは「人生一〇〇年時代」を生きているのである。

では、前述の年間生活費と老後の年数から必要な老後資金を計算してみよう。老後の期間は、六五歳から一〇〇歳までの三五年間とする。最低日常生活費は、九二八二万円（年間二六五・二万円×三五年）となる。しかし、これは最低限ギリギリの生活費で、「ちょっとした贅沢」の余裕もない。それどころか、三五年もの長い老後生活の中では多くの人が医療や介護を必要とするだろうし、自宅の修繕費や老人ホームの入居費用がかかる可能性もある。

これらの臨時の出費が発生する以上、ギリギリの生活費で三五年間暮らすことは事実上、不可能ということだ。すると、やはり一億円はないと生活は極めて苦しいものになろう。たとえ一億円あっても、わずかに残された余裕は臨時の出費に備えざるを得ず、「ちょっとした贅沢」を楽しむ余裕はほぼない。

老後生活を経済的に充実させるには、「ゆとりある老後生活費」として一億五一六二万円（年間四三三・二万円×三五年）が必要になる計算だ。最低日常生活費に比べ月一四万円、年一六八万円の上乗せがあるから大分余裕ができる。「ちょっとした贅沢」はもちろん、海外旅行やお金のかかる趣味を楽しむこともできるだろう。「一般庶民の理想」とも言うべき老後だが、このような暮らしを実現するには、一億五〇〇〇万円もの老後資金が必要ということだ。

この金額を前にして、大部分の読者はため息しか出ないのではないだろうか。最低限必要な生活費でさえ、一億円必要なのだ。

一億円の資産を持つ人は、かつては「億万長者」と呼ばれる大変な資産家であった。今でも一億円以上の資産を持つ人は「富裕層」と呼ばれ、資産家に違いない。実際、富裕層の割合は全世帯の二・三％にすぎない。今後、日本では富裕層の人しか老後をまともに過ごすことができないということになる。

もちろん、これは老後の生活費をすべて保有資産で賄う場合の話だ。高齢者の多くは公的年金を受給し、年金収入が老後の生活の大きな柱になっている。そのため、老後の生活費から年金収入を引いた額が必要な個人資産額ということになる。「老後に二〇〇〇万円が必要」とした金融庁の報告書も、この引き算の結果が根拠となっている。

総務省の「家計調査」（二〇一七年）によれば、高齢夫婦（夫六五歳以上、妻六〇歳以上）の無職世帯の一ヵ月の平均収入は、約二〇・九万円（うち、年金収入が約一九・一万円）、平均支出は約二六・四万円となっている。差し引きの赤字額は毎月約五・五万円となり、老後を三〇年間生きると約二〇〇〇万円が不足するというわけだ。

この額の年金収入が今後もきちんと確保できるのであれば、一億円もの資産は必要ない。しかし、公的年金の厳しい財政状況を踏まえれば、全体の年金給付は減額が避けられないし、そもそも個人の年金収入には相当なバラツキがあり、年金収入が一九万円に遠くおよばないという人もたくさんいる。

実際、頼みの綱の年金はいくら支給されるのか?

総務省の「家計調査」が示す年金収入（約一九・一万円）は、あくまでも平均である。誰もがこの金額に近い年金を受給できるわけではない。では、実際の受給額をもう少し詳しく見てみよう。

わが国の公的年金には主に「国民年金」と「厚生年金」がある。国民年金は二〇歳以上六〇歳未満のすべての国民に加入が義務付けられ、「基礎年金」とも呼ばれる。厚生年金は、主に会社員を対象とする年金だ。自営業者やフリーランス、専業主婦などは主な年金は国民年金のみになるが、会社員の場合は国民年金に厚生年金が上乗せされる。そのため、一般に会社員の方が自営業者や専業主婦よりも年金受給額は多くなる。

厚生労働省が発表する「厚生年金保険・国民年金事業年報」（平成二九年度）によると、高齢者の年金受給額は次のようになっている——国民年金（老齢基礎年金）の平均受給額は月に約五・六万円。国民年金の保険料は定額であり、受給額は加入期間に応じて決まる。加入期間が満期の四〇年間あれば、満額の七八万一〇〇〇円（年）が受給できる。月額にすると約六・五万円となる。しかし平均受給額は満額よりも一万円ほど少なく、満額受給できる人が多数派ではないことがわかる。

老齢厚生年金受給者の平均受給額は、月に約一四・五万円（基礎年金を含む）となっている。厚生年金の受給額は、加入期間と加入期間中の賃金により変わる。加入期間が長いほど、また加入期間中の賃金が高いほど支払う保険料も多く、その分受給額は増える。わが国では男女の賃金格差が大きく、女性の場合、結婚や出産後に離職する人も多いため、男女別に見ると受給額には大きな差がある。男性の平均受給額が約一六・六万円なのに対して、女性の平均受給額は約一〇・三万円となっている。六万円強もの差があるのだ。

このように、加入する年金の種類や性別により年金受給額は大きく異なる。「老後二〇〇〇万円」の前提になっている月一九・一万円という年金収入は、実はかなり恵まれている世帯であることがわかる。厚生年金に加入する会社員の夫と専業主婦という、ひと昔前まで主流だった夫婦の年金額に近い。

国民年金に加入する自営業などの夫婦だと、年金収入は仮に満額受給できたとしても二人分で約一三万円にしかならない。金融庁の報告書の計算に当てはめても、月の年金収入約一三万円に対して月の支出が約二六・四万円となり、毎月一三万円の赤字となる。老後を三〇年間生きると、約四六八〇万円が不足するということになる。

ただ、これでも生活は決して楽ではなく、多少ゆとりのある老後を送りたいのなら不足額はさらに膨らむ。すでに述べたように、「ゆとりある老後生活費」には三五年間で一億五一六二万円が必要になる。一方、年金収入は満額の月一三万円として三五年間で五四六〇万円となる。不足額は約九七〇〇万円、ほぼ一億円である。

つまり自営業の夫婦の場合、ちょっとした贅沢をする余裕もない慎ましい老後生活を送るだけで約五〇〇〇万円不足し、多少はゆとりのある老後を送りたいのなら約一億円不足するということだ。

単身世帯の場合は、さらに厳しい。夫婦世帯に比べ、世帯当たりの年金収入は少なくなる。必要となる生活費も少なくてすむが、単純に二人暮らしの生活費の半分になるというわけにはいかない。一般的には、単身世帯の生活費は二人以上の世帯に比べ割高になる。国民年金に加入する自営業者などの場合だと、満額受給でも月に六・五万円でやり繰りしなければならない。会社勤めをしていて厚生年金に加入する人は受給額は大分増えるが、それでも女性の平均受給額は約一〇・三万円だから、よほど切り詰めた生活を送らなければ毎月の赤字を避けるのは難しい。厚生年金に加入する男性だと平均受給額は約一六・六万円となり、安アパートに住むなどして生活費を切り詰め、贅沢を一切しなければ毎月の赤字を避けることは可能だろう。それでも医療や介護、老人ホームの入居費用などの臨時費用が発生すれば、たちまち資金不足に陥る可能性は高い。

年金受給の観点で最も有利なのは、最近主流になっている「夫婦共に会社員の共働き世帯」だ。夫婦共に正社員であれば、二人共厚生年金が受給できる。平均受給額で見ると、夫が約一六・六万円、妻が約一〇・三万円であり、合計すると約二六・九万円の年金収入が得られる。金融庁の報告書の計算根拠となる平均支出（約二六・四万円）をわずかに上回り、贅沢はできないものの年金収入のみで生活できる計算になる。

では、相対的に有利な「夫婦共に会社員の共働き世帯」であれば、贅沢さえしなければ老後は安泰なのかといえば、とてもそうとは言えない。現在の年金支給額が今後三五年にわたって保証されるとは、到底考えられないからだ。

今後、減額が避けられない年金受給額

年金財政は五年ごとに見直され、厚生労働省が「財政検証」として公表して

いる。二〇一九年の財政検証を確認してみよう。二〇〇四年の年金改革では、いわゆる「年金一〇〇年安心プラン」が示された。今後一〇〇年間は、現役世代の収入に対して五〇％以上の年金額（所得代替率五〇％）は確保できるので安心だというわけだ。

しかし、その前提は名目賃金上昇率が二・一％、物価上昇率が一・〇％、出生率が一・三九、運用利回りが三・二％とあまりに楽観的なものであった。その後の財政検証でも楽観的な前提が用いられ、所得代替率五〇％を維持するための帳尻合わせのような試算が繰り返された。

二〇一九年の財政検証では、経済状況により「６つのケース」が示された。「夫が会社員で六〇歳まで厚生年金に加入、妻は専業主婦」という世帯をモデルにしている。十分な経済成長と労働市場への参加が進む「ケース１～３」では、将来の所得代替率五〇％以上を維持できるが、経済成長と労働参加が思うように進まない「ケース４～６」では、所得代替率は五〇％を下回る。

名目賃金上昇率が三・六％、運用利回りは五・〇％と高い経済成長を前提とする「ケース1」では、所得代替率は五一・九％となった。6つのシナリオのうち、最も低成長の「ケース6」では名目賃金上昇率〇・九％、運用利回り一・三％を前提とし、「機械的に給付水準調整を進めると二〇五二年度に国民年金の積立金がなくなり完全賦課方式に移行。その後、保険料と国庫負担で賄うことができる給付水準は、所得代替率三八％〜三六％程度」（厚生労働省ホームページ）と試算している。

ちなみに、現在（二〇一九年度）の所得代替率は六一・七％である。現役男子の平均手取り収入額三五・七万円に対し、年金収入は夫婦二人の基礎年金一三万円に夫の厚生年金九万円を合わせた二二万円だ。二〇一九年の財政検証では最も望ましいシナリオである「ケース1」でも、所得代替率は五一・九％に留まる。将来的には、所得代替率は良くてもせいぜい五〇％程度とみておく方がよいだろう。現在の状況に当てはめれば、現役男子の平均手取り収入額三五・七万円に対し、年金収入は夫婦二人で約一七・九万円になるということだ。現在よりも、月に約四万円の収入減だ。もしも所得代替率三八〜三六％の

「ケース６」の状況に陥ると、夫婦二人の年金収入は約一三・六万〜一二・九万円となり、現在よりも八〜九万円程度減る。

このモデル世帯であれば、現在は年金収入二二万円が得られ、生活費を切り詰めればなんとか生活できるかもしれない。しかし、将来的には年金収入は良くても一八万円、下手をすると一三万円程度しか得られないという試算結果だ。いずれにしても年金受給額が減ることはほぼ確実で、単身世帯はもちろん、モデル世帯であっても年金収入だけでは生活は成り立たなくなるに違いない。

会社員には退職金もあるが……

年金受給額が相対的に多い、夫婦共に会社員の共働き世帯も安泰とは言えない。現在は、夫婦共に正社員で厚生年金に加入していれば平均で約二六・九万円の年金収入が得られるが、こちらについてもモデル世帯と同様、将来的に月に数万円の減額は避けられないだろう。年金収入のみで家計を支えるのは、非

2019年財政検証の前提

		将来の経済状況の仮定		経済前提				（参考）
		労働力率	全要素生産性（TFP）上昇率	物価上昇率	賃金上昇率（実質〈対物価〉）	運用利回り 実質〈対物価〉	運用利回り スプレッド〈対賃金〉	経済成長率（実質）2029年度以降20〜30年
ケース1	内閣府試算「成長実現ケース」に接続するもの	経済成長と労働参加が進むケース	1.3%	2.0%	1.6%	3.0%	1.4%	0.9%
ケース2	内閣府試算「成長実現ケース」に接続するもの	経済成長と労働参加が進むケース	1.1%	1.6%	1.4%	2.9%	1.5%	0.6%
ケース3	内閣府試算「成長実現ケース」に接続するもの	経済成長と労働参加が進むケース	0.9%	1.2%	1.1%	2.8%	1.7%	0.4%
ケース4	内閣府試算「ベースラインケース」に接続するもの	経済成長と労働参加が進むケース	0.8%	1.1%	1.0%	2.1%	1.1%	0.2%
ケース5	内閣府試算「ベースラインケース」に接続するもの	経済成長と労働参加が一定程度進むケース	0.6%	0.8%	0.8%	2.0%	1.2%	0.0%
ケース6	内閣府試算「ベースラインケース」に接続するもの	経済成長と労働参加が進まないケース	0.3%	0.5%	0.4%	0.8%	0.4%	▲0.5%

厚生労働省HPのデータを基に作成

2019年財政検証結果（所得代替率）

高

経済前提	給付水準調整終了後の標準的な厚生年金の所得代替率	給付水準調整の終了年度
ケース1	**51.9**%	**2046年度**
ケース2	**51.6**%	**2046年度**
ケース3	**50.8**%	**2047年度**
ケース4	**50.0**%	**2044年度**
ケース4	(注) **46.5**% (注) 機械的に給付水準調整を進めた場合	**2053年度**
ケース5	**50.0**%	**2043年度**
ケース5	(注) **44.5**% (注) 機械的に給付水準調整を進めた場合	**2058年度**
ケース6	**50.0**%	**2043年度**
ケース6	機械的に給付水準調整を進めると2052年度に国民年金の積立金がなくなり完全賦課方式に移行。その後、保険料と国庫負担で賄うことができる給付水準は、所得代替率38%～36%程度	

低

厚生労働省ＨＰのデータを基に作成

常に苦しくなる。

しかし、会社員にはもう一つ老後を支える強力な武器がある。それは、「退職金」だ。たとえば、大企業に勤めていて十分な退職金が支給されるのなら、老後資金が不足することはないかもしれない。今から二〇年ほど前までは、大企業の定年退職金は三〇〇〇万円が相場と言われていた。当時の老後を三〇年とすると、単純計算で年間一〇〇万円が老後資金に加わる。当時は現在よりも厚生年金の受給額は多かったが、仮に年金収入を現在の月二二万円（モデル世帯）としてもさらに八～九万円が加わり、月三〇万円の収入が確保できる計算だ。

しかし、大企業に勤める恵まれた人たちの「定年退職後、悠々自適の老後」というモデルは、今から一〇～二〇年前にほぼ完全に崩壊している。実は、退職金の支給額はどんどん減っているのだ。

厚生労働省が公表する「平成三〇年就労条件総合調査」によると、定年退職者の退職金は「大学・大学院卒」（管理・事務・技術職）が一九八三万円、「高校卒」（管理・事務・技術職）が一六一八万円、「高校卒」（現業職）が一一五九万円となっている。最も高額の「大学・大学院卒」（管理・事務・技術職）で見ると、一九九七年には二八七一万円であった。それが、二〇一八年には一九八三万円になったわけで、大卒者の定年退職金はこの二〇年でざっと三〇〇〇万円から二〇〇〇万円へと一〇〇〇万円も減っているのだ。

企業規模による格差も大きい。大企業の加盟が多い経団連の「二〇一八年九月度　退職金・年金に関する実態調査結果」によると、「管理・事務・技術労働者」（総合職）の六〇歳では、大卒が二三五五・八万円となっている。一方、中小企業の退職金はもっと少ない。東京都産業労働局が発表する「中小企業の賃金・退職金事情　平成三〇年版」によると、六〇歳定年退職のモデル退職金は大学卒が一二〇三・四万円、高専・短大卒が一一〇六・六万円、高校卒が一一二六・八万円となっている。中小企業の定年退職金は、ざっと一〇〇〇万円強に留まるわけだ。しかも、これは全国的に見て賃金水準の高い都内の中小企業を対象とするデータだ。地方の中小企業の退職金は、さらに少ないと見られる。

このように、定年退職金の支給額は学歴と企業規模による格差が非常に大きいが、最も恵まれている大卒で大企業に勤めている人で、なんとか二〇〇〇万円程度という状況なのだ。わが国では、企業に雇用される従業員の約七割が中小企業に勤めている。定年まで勤めあげても、退職金が数百万円からせいぜい一〇〇〇万円程度という人が多数派なのである。

それでも、退職金が出るだけマシだ。実は、長年勤めあげても退職金がゼロという人も珍しくない。「平成三〇年就労条件総合調査」によると、退職給付制度がある企業の割合は八〇・五%となっている。つまり、国内にある企業の五社に一社では、退職金は一切出ないのである。

やはり一億円必要だ！

こうして見てみると、改めて私たちの老後をめぐる状況の厳しさを痛感させられる。比較的多くの年金収入が得られる「夫婦共に会社員の共働き世帯」であっても、今後の年金受給額の減額や退職金の支給額によっては、老後は決して安泰とは言えまい。ましてや、年金収入の少ない国民年金の加入者や厚生年金に加入する単身世帯（特に女性）は、現在の年金財政状態を基準にしても一億円くらいないと、ほとんどゆとりのない老後を送らざるを得ない。

どう考えても、二〇〇〇万円ではまったく足りないことはおわかりいただけたと思う。不足分は、もちろん働いて補うしかない。少しでも長く働いて収入を得ることだ。ただし、高齢になるほど体力や知力には相当な個人差が生じるものだ。八〇歳や九〇歳でも現役でバリバリ活躍する人がいる一方、六〇代で体が思うように動かなくなったり、認知症になったりして働けなくなる人もいる。現役時代から健康に十分気を付けるのは当然だが、それでも誰もが生涯現役でいられるわけではない。そういう意味では、あなたが現役世代ならばこれまで以上に気を引き締めて貯蓄に励むしかない。

言うまでもなく、一億円貯めるのは容易ではない。しかし、それに近付けるべく少しでも多くの老後資金を確保しなければ、相当厳しい老後を送るはめになるに違いない。

しかも、恐ろしいことにわが国の財政状態を考えると、一億円あれば老後は安泰とも到底言えないのだ。年金財政はおろか、国家財政自体が持ちこたえられない。国家財政が破綻すると、国内経済は大混乱に陥り、年金制度自体が機能しなくなる可能性すらある。年金額の大幅な減額は避けられまい。

たとえば、年金額が二割や三割もカットされたら、多くの高齢者の生活はたちまち行き詰まる。「これではとても生活できない」という高齢者の声に押され年金カットが見送られたとしても、国家破産の荒波は人々に容赦なく襲いかかる。国家破産は通貨価値を大きく低下させ、その結果、物価が大幅に上昇する。

最悪の場合、ハイパーインフレと呼ばれるすさまじい物価上昇が人々の生活を脅かす。ハイパーインフレともなれば、インフレ率（年間の物価上昇率）は数百%、数千%あるいはそれ以上にも達する。大幅な物価上昇は当然、年金生活者にも大打撃を与える。

仮に、年率一〇〇%のインフレが起きたとしよう。物価は一年で二倍になるから、月二〇万円の年金で生活している人の生活費は四〇万円に跳ね上がる。

もちろん、ハイパーインフレともなると年金額も引き上げられよう。ただし、国家財政が破綻している状況下、物価上昇に完全に連動して引き上げられることはまず期待できない。物価が二倍（一〇割）に上がる局面では、年金額の引き上げはどんなに良くても八割だろう。月二〇万円の年金が八割増額されて月三六万円になったとしても、生活費は四〇万円に増加しているから四万円不足し、生活は苦しくなる。ただ、少々甘い見立てではあるがこの程度なら倹約して何とか生活は維持できるだろう。

しかし、ハイパーインフレは一年で終わるとは限らない。過去の国家破産の事例からすれば、むしろ何年間か続く可能性の方が高い。たとえば、ソ連崩壊後に国家破産したロシアでは、年率七〇〇〇％のハイパーインフレが三年間続いたという。年率七〇〇〇％というと、一年間で物価は約七〇倍に高騰する。それが三年間続くと、物価は実に三四万三〇〇〇倍に跳ね上がる。貨幣価値は、三年後には三四万分の一になるということだ。

仮にこのようなインフレが日本で起きたとすると、月二〇万円だった生活費は六八六億円になる。一方、年金額は（少々甘く見積もって）インフレ率の八割に相当する年率五六〇〇％引き上げられたとすると、二〇万円だった年金額は三年後には約一七万五六〇〇倍に増え、約三五一億円になる。年金額は生活費に対して三三五億円不足する。何とも金額が大きすぎてピンとこないと思うが、三三五億円は六八六億円の約半分だ。つまり、必要な生活費の半分程度の年金収入しか得られないということだ。

現在の物価水準で言えば、月二〇万円の生活費が必要なのに、月一〇万円の年金収入しかない状態だ。これではさすがに生活は苦しい。インフレ率の八割に相当する年金額の引き上げがあっても、わずか三年で年金の実質的な水準は半減してしまうのだ。当然、インフレ高進がさらに長期化すれば、実質的な年金額はさらに目減りする。これが、ハイパーインフレの恐ろしさなのである。

第六章

ハイパーインフレで年金も紙キレに

——本当は一〇億円必要!?

「老後資金一億円」でも生きて行けない？

老後を安心して過ごせるために、本当のところ、私たちにはどれだけの蓄えが必要なのだろうか。一つの目安となるのは、第四章で取り上げた「二〇〇〇万円」だろう。新型コロナ大流行前の二〇一九年夏に金融庁のワーキング・グループが平均的な高齢者の収支を試算し、年金収入だけでは二〇〇〇万円足りないという報告書を発表、「年金二〇〇〇万円問題」としてただちに世論を騒がせた。様々な批判が政府に殺到するや、金融庁の所管大臣である麻生金融担当相が「報告書の受け取り拒否」という形でシミュレーション結果を否定して見せ、騒動は幕引きとなった。

その後、年金問題はうやむやのまま現在に至るが、大臣が報告書を受け取らなければ不足の二〇〇〇万円が勝手に充足され、国民の老後は安泰、などということはあり得ない。金融庁でのシミュレーションは、平均的な生活モデルから年金収入と支出のバランスを計算した結果として導き出されている。

もちろん、算出の前提には甘い点も多く、その内容をそのまま信じることはできないが、「年金だけでは老後は食べて行けない」という論旨は極めてまっとうなものであり、蓄えのない国民が老後貧民になる可能性が高いことには何ら変わりがないのである。

それどころか、今少し現実に即して筋道立てたシミュレーションをして行けば、二〇〇〇万円ですらとても足りないこともすぐにわかってしまう。実際、第五章で見てきた通りで、「平均的な」国民が安心して老後を過ごせる水準となると一億円はかかるというのが現実的な答えだろう。この水準の資金が準備できなかった国民は、天寿をまっとうする前に資金を払底させ、高齢貧困者への転落を余儀なくされることとなるわけだ。

では、一億円持っていれば大丈夫なのかと言えば、私はそれでもまったく不足で、本音で言えば一〇億円程度は必要になると見ている。「えっ⁉　浅井さん、いくら何でもそれは言いすぎですよ！」という声が聞こえてきそうだが、実はれっきとした根拠があっての数字であり、しかもこれでも甘めに見積もった最低ラインだ。実際には、さらなるインフレ高進なども考慮すれば一〇億円を超える老後資金が必要になる可能性も十分に考えられるのだが、さすがにそこまで考えるのはあまり現実的とは言えない。まずは前章で述べたように、「老後資金一億円」を一つの目安として考えるのが妥当だろう。

ただ、いずれにしても今、仮に一億円の老後資金があるという人でも、そこで慢心して「そのまま」にしておいたら確実に老後破産に陥ると考えるべきだ。その理由とは、日本の「国家破産」である。

国家破産で起きる三つのコト

「国家破産」と聞いて、私の書籍をいくつかお読みいただいた読者ならすぐにピンときたことと思うが、今一度「国家破産」がどんなものなのかを簡単におさらいしよう。そうすれば、なぜ国家破産が「老後必要資金一〇億円」という話につながるのかがはっきり見えてくるからだ。

まず、国家破産とはどんな状況を指すのだろうか。基本的な話だが、国家も家計や企業と同じく経済活動を行なっている。国家の場合は税金による収入（歳入）と行政サービス提供による支出（歳出）がそれだ。当然、そこには収支のバランスが発生し、収入が支出を上回る「黒字」やその逆に支出が収入を上回る「赤字」の状態が生まれる。もし赤字になっても即座に経済活動が滞るわけではなく、一時的であれば借金をすることで収入不足を賄うわけだ。そして、借りたお金を返しながら経済活動を続けることになる。

ところが、あまりに借金しすぎて返す当てがなくなると、いよいよ大変なことになる。個人や家計であれば自己破産することになるが、その場合は持ち家や車を抵当に取られ財産を軒並み差し押さえられた上、一部の公的資格（弁護士や生命保険の募集人など）が制限され、また取締役に就いている人は取締役をやめなくてはならなくなるなどの影響が出る。

場合によっては、仕事を失うという事態にもなり、また社会的信用がなくなってしまうため通常の生活に戻れなくなる可能性すらある。

会社であっても基本は同じだ。事業収入から返済をすることができなくなり、さらに返済に充てる資金のための借り入れも滞れば「万事休す」、会社をたたまなければならなくなる。設備や資産をすべて抵当に入れ、優先的に弁済する相手に借金を返し、それでも返しきれない分は「踏み倒す」しかなくなる。当然、会社はなくなり、経済活動はそこで潰えてしまう。

これが国家になると、コトはさらに甚大だ。国家には個人の「自己破産」や会社の「倒産」に相当する仕組みや手続きは定められていないが、だからといって国家が破産しないわけではない。国が借金をする時にも当然「貸し手」がいる。国債の買い手がそれだ。国債は、満期に確実に償還するからみんな安心して買うが、もし国が償還してくれないとなれば、誰も国債を買わなくなる。

国の場合、家計や企業と比べても莫大な借金しているため、単年の収入（税収）ですべての借金を返済することはとてもできない。したがって、新たな借金をしながら古い借金を返すということになるわけだが、もしここで「誰も国債を買わない」事態になれば、国とて資金繰りがつかなくなる。

こうなると、もう終わりだ。「国債が償還されないかもしれない」と誰も国債を買わなくなることで、実際に国債が償還できなくなるのだ。

つまり「国家破産」とは、厳密にいうと「国債が約束通り償還されなくなった状態」を指す。別の言葉で言えば国債の「債務不履行」（デフォルト）である。

ただ、国家には家計や企業にはない「あるもの」があるため、少々事情が変わってくる。それは国民や企業に対する強大な「権力」であり、国家は家計や企業のように「破産」「倒産」によって債務をチャラにする（つまりデフォルトする）ことなく、債務を清算するという〝離れワザ〟も取ることができるのだ。

この、国にとっての破産の清算方法は主に三つある。これらが発動（あるいは発生）されれば、憂き目を見るのは政府ではなく国民や企業となる。この点が大きな違いだ。なぜなら、国の借金の貸し手は個人や企業であって、国の「借金踏み倒し」のツケをかぶり、著しい経済的損失を受けることになるからだ。

したがって、この三つが起きた時、たとえ国債がデフォルトしていなくても事実上の国家破産と言ってよい。その三つとは何か。それは「徳政令」「大増税」そして「ハイパーインフレ」である。

現代のほとんどの国家は、「法治主義」を取っている。法治主義とは、国が何かを実行する時には必ずそれを法で定めるというもので、逆にもしひとたび法律が成立すれば、たとえその内容がムチャクチャなものであっても国民・企業は従わなければならなくなる。そして、破産国家では「国家の非常事態」という名目の下、往々にして財政再建のために国民資産を「巻き上げる」というムチャクチャな法律が作られる。それが、いわゆる「徳政令」というものだ。

日本で行なわれた最も身近な「徳政令」といえば、なんといっても一九四六年二月に施行された金融緊急措置令と日本銀行券預入令、そしてその後の戦時補償特別措置法など一連の緊急勅令や特別法だろう。この時日本政府は、「預金封鎖」で国民資産を差し押さえ、「新円切換」によってタンス預金をすべてあぶり出し、「財産税」で国民資産を根こそぎ召し上げた。

さらに、事実上の借金踏み倒しもやっている。戦時中、国は物資・装備品を

国家破産した国が取る３つの方法・現象

1. 徳政令

2. 大増税

3. ハイパーインフレ

民間から調達するにあたって、多くの企業に多額の債務を負った。これは政府による民間企業に対する債務（支払い義務）だから、当然補償されていた。これを「戦時補償債務」と言う。終戦直後、日本政府は戦時補償債務の返済を履行する方針であった。その資金を基にして企業を軍需から民需に転換させ、生産拡大を図ろうと考えたのである。

しかし、それに「ＮＯ」を突き付けたのが占領軍、ＧＨＱ（連合国軍最高司令官総司令部）であった。日本全土を焼き尽くし、完膚なきまでに叩きのめして乗り込んできた占領軍である。ＧＨＱは、戦争に関わった企業に懲罰を課すという意味で、戦時補償債務の支払いを認めなかった。その結果、戦時補償債務の支払いには一〇〇％の戦時補償特別税がかけられた。事実上、戦時補償は打ち切られた。

つまり、借金は踏み倒されたのである。補償打ち切り額の合計は九一八億円に達した。この金額は一九四六年の日本の名目ＧＮＰの二割近くにも相当するものであったので、経済・金融に対する打撃は極めて深刻であった。

ただ、こうした「徳政令」はこれからの老後に必要な年金資産に与える影響は相対的に低いかもしれない。もちろん、老後資金を国債で保有するなどしていれば致命的な打撃は避けられないため、日本国債は持っていてはいけない。また、預金封鎖の憂き目に遭う可能性もかなり高いと見た方がよいため、資産の保有・保管方法には工夫が必要となろう。

しかし、老後資金をより多く準備しておく理由という意味では、「徳政令」はあまり重要な要素ではないかもしれない。むしろ重要なのは残る二つの方法だ。

国家は国民資産を「むしり取る」

では、二つ目の方法「大増税」について見て行きたい。先述の通り、国家は自らが定めた貸し借りや取引の「約束を守る」ということにこだわる一方、国家の非常事態とあれば特別（というかムチャクチャ）な法律を作ることもできる。特に、国家破産時には「税金に関する特別法」が作られやすい。

国の収入である税金は、憲法に定められている通り法律によってのみ徴収されると定められている。つまり、たくさん税金を巻き上げる法律を通して臨時収入を確保し、借金をチャラにすることができるのだ。

この状況を個人に置き換えると、「借金返済のために、誰かからお金を巻き上げてくる」という、なんともゾッとする話である。

こうした特別の税法とは、果たしてどんなものか。先ほどの「財産税」や「戦時補償債務への一〇〇%課税」もその典型だが、実は国家は様々な方法で税金を徴収することができる。二〇一〇年に起きた「ギリシャショック」では、財政再建のためにVAT（付加価値税）や酒・たばこの税率引き上げに加えて、「不動産特別税」なるものも徴収した。不動産の税金といえば、固定資産税が思い付くだろうが、この税金は固定資産税に加えて徴収する「富裕層向け特別税」とでもいうべきものだ。不動産の面積に応じて課税され、しかも電気代と同時徴収することで即時に、税逃れなく徴収できる方法として編み出された。

これによって、別荘を持つ富裕層に重税が課され、アテネの高級住宅街には次々と「For Sale」（売り出し中）の看板が立ったという。

このような「大増税」は、破産国家では常套手段ともいえるほど典型的な方法である。ただし国民からの反発は必至となるため、なるべく穏便に徴収できるように穏便にコトを運ぶ必要がある。また、課税強化が事前に国民の知るところとなれば、当然のごとく資産逃避などの課税回避が起きる。そのため秘密裏に準備を進め、ある日突然発表し、そして間髪入れずに徴収するのが通例である。

また、こうした臨時大増税を行なう時期には社会情勢も不安定となるため、税務官が自宅に出向く、あるいは国民に税務署へ出頭を求める、というような「手のかかる」徴収方法はあまりとられない傾向にある。手数をかけずに、なるべく効率良く一網打尽に目的の金額を徴収できる手段が選ばれやすくなるのだ。

その観点で見ると、戦後すぐに行なわれた預金封鎖した上で資産額に応じた累進課税の財産税をかけるという手口は、効果的かつ効率的な方法として今後も用いられる可能性は高いだろう。また、高額所得者の「所得税」や「固定資産税」、資産家を対象とする「財産税」なども徴収しやすいと言える。

こうしたことを総合すると、老後資産を一億円以上準備できている人たち、いわゆる「富裕層」は税務当局の格好の徴収対象になるだろう。どの程度取られるかはその時の状況次第だが、一九四六年の財産税は一つの参考例となるだろう。

当時、一五六ページの図のような累進課税が取られた。これを現在価値に読み替えるとどうなるか。当時の大卒初任給が四〇〇円程度、現在が二〇万円程度だから、およそ五〇〇倍程度の物価差が想定される。

したがって、財産税を現在価値に直すとおおよそ一五七ページの図のようになる。資産一億円を保有している場合、税率は五〇～五五%となるため、もし今後同様の財産税がかかると仮定すれば二億円近くは持っていないと手元に一億円は残らず、安心できないということだ。

日本に住む日本人であれば、税金を完全に逃れることはまずできない。必然的に国家破産時には大増税による何らかの影響を受け、資産を大きく減らす危険性は高いわけだ。したがって、それを織り込んだ老後資金作りを考えなければならない。老後の生活に一億円かかるとした場合、「税引き後」で正味一億円になるように計画しなければならないということだ。

当然、財産税だけでなく固定資産税や所得税などの増税が行なわれれば、長期間にわたって幅広く徴税される可能性も高まるだろう。税引き後一億円を確保するということは、かなりの税金が引かれることを織り込んで相応の余裕を持たなければいけないわけで、私が一億円ではとても足りないといった意味がおわかりいただけたことと思う。

「ハイパーインフレ」の恐怖

さらに老後資金に重大な影響をおよぼすのが、三つ目の「ハイパーインフレ」だ。というより、このハイパーインフレこそが最も憂慮すべき大本命だ。

少し経済に詳しい方は、ここで「おや!?」と疑問に思われたかもしれない。

1946年の財産税　課税価格と税率

課税価格	税率
10万円超―11万円以下	25%
11万円超―12万円以下	30%
12万円超―13万円以下	35%
13万円超―15万円以下	40%
15万円超―17万円以下	45%
17万円超―20万円以下	50%
20万円超―30万円以下	55%
30万円超―50万円以下	60%
50万円超―100万円以下	65%
100万円超―150万円以下	70%
150万円超―300万円以下	75%
300万円超―500万円以下	80%
500万円超―1500万円以下	85%
1500万円超	90%

現在価値に換算した資産規模別課税価格と税率

課税価格	税率
5000万円超—5500万円以下	25%
5500万円超—6000万円以下	30%
6000万円超—6500万円以下	35%
6500万円超—7500万円以下	40%
7500万円超—8500万円以下	45%
8500万円超—1億円以下	50%
1億円超—1億5000万円以下	55%
1億5000万円超—2億5000万円以下	60%
2億5000万円超—5億円以下	65%
5億円超—7億5000万円以下	70%
7億5000万円超—15億円以下	75%
15億円超—25億円以下	80%
25億円超—75億円以下	85%
75億円超	90%

「徳政令」や「大増税」は、国家が主体的、能動的に政策を決定し施行するものだ。一方、「ハイパーインフレ」は「経済現象」であって、国家がどうにかする、あるいはできるものではないだろうという疑問だ。

確かにハイパーインフレは「経済現象」であり、政府が自在に実施したり取りやめたりはできない。しかし、著しいインフレの背景には多分に国家が関与する部分が大きい。そして、加速度的なインフレは国の借金を減殺させる効果がある。つまり、莫大な借金を抱える国家にとって、ある側面では非常に「都合のよい経済現象」であるのだ。

では、ハイパーインフレがどのようなものかについてまずは簡単に見て行こう。経済活動において、物価の動向は極めて重要な意味を持つ。多くの人たちにとって、収入と支出が長期にわたって安定していることこそが生活の安定につながるが、一方で需要と供給の関係から物価は上昇したり下落したりする。需要に対して供給が少ないモノは、必然的に高値で取引されるようになるし、また逆に供給が過剰（または需要が過少）なモノは安く取引される。

通常であれば、高くなりすぎたモノは相対的に売れなくなり、いずれ価格が下がって行くのが基本的な動きだが、経済の大きな循環を見て行くと全体的にモノの値段が上がって行く局面がある。

こうした、世の中の物価が上昇する状態を「インフレーション」（インフレ）と言い、逆に物価が下落する状態を「デフレーション」（デフレ）と言う。典型的なインフレは、経済活動がどんどん活発になって行く局面に見受けられるもので、戦後の高度経済成長期がまさにそうした「インフレ経済」の時代だった。どんどんモノが作られ、消費され、モノを作る企業が潤い、そこに働く人たちも給料が上がって行き、より高いモノが消費され……という具合に経済が調子よく拡大しながら循環して行くことで物価が上がって行くわけだ。

こうしたインフレは、結果的に大多数の国民の生活水準が向上するため、「良いインフレ」と言われる。もちろん、物価上昇があまりに急激すぎると一時的にせよそれについて行けない国民が大量に生まれ、それが基で逆に深刻な経済停滞を招くため抑制する必要があるが、総じてこうした「良いインフレ」局面は、国にとっても国民にとっても喜ばしいことである。

一方で、「悪いインフレ」というものも存在する。その最たるものは、通貨の信用力が低下し、相対的にモノの値段が上がるような場合である。

わかりやすい例を見よう。南米ベネズエラでは、二〇一九年一月のインフレ率がなんと二六八万%を記録した。これは、物価が一年間で二万六八〇〇倍になるという状況で、正真正銘の「ハイパーインフレ」である。このすさまじいインフレが発生した理由は、一言で言えばベネズエラの通貨ボリバルの価値が急激に低下したためだが、それは通貨発行主体である国家の信用がなくなったことが根本原因にある。

悪性インフレに陥ったベネズエラ

ベネズエラがなぜこのような事態に陥り、現状どのような苦境に置かれているのか、詳しくは拙著『国家破産ベネズエラ突撃取材』（第二海援隊刊）で詳しく解説しているのでぜひご参照いただきたいが、大まかに言えば二〇〇〇年代以降に発足した歴代政権が社会主義的政策と称したバラ撒きを行なった結果、経済衰退と政治腐敗が進み国力が低下したことによる。

ベネズエラは一九世紀初め、スペインからの独立によって誕生した。当初は他の中南米諸国と同様、コーヒーやカカオを主要産品とするモノカルチャー経済の農業国で決して豊かな国とは言えず、またプランテーション農業によって貧富格差も著しかった。だが、二〇世紀初めに一大転機が訪れる。莫大な産出量を誇る油田が発見されたのだ。折しも世界は「石油が経済を回す」時代に突入しており、ベネズエラは莫大な石油輸出によって大いに潤った。

しかし、これによってベネズエラの貧富格差はさらに拡大することになる。二度の大戦を経て「アメリカの裏庭」となったベネズエラは、アメリカの消費拡大に合わせて富を蓄積した。さらに、一九七〇年代には石油ショックによって原油価格が高騰、石油利権にあずかる一部の富裕層はさらに富を集約する一方、貧困にあえぐ国民がなんと四割を超えるという超格差国家になった。

また、原油高で財政が潤った結果、政府は積極的な開発投資に興じ、財政規律が大いに緩んだ。まるでビジネスでひと山当てた人が急に大金を手にし、贅沢三昧に耽っているような有様だが、当然こうした状況は長く続かない。

原油価格が低下すると、ベネズエラは石油収入が一気に減少、ＧＤＰはマイナス成長となった上、対外債務も膨張した。そして政府が緊縮財政に舵を切ると、貧困にあえぐ国民はいよいよ窮地に立たされ、ついに国家への不満が限界に達したのである。

一九九二年、陸軍中佐のウゴ・チャベスが貧困救済を目指してクーデターを企てる。結果としてこのクーデターは鎮圧され失敗に終わったが、チャベスのテレビ演説を聞いた国民の特に貧困層は大いに期待を寄せ、やがてチャベスを熱狂的に支持するようになる。

一九九九年、「貧者の救済」を掲げたチャベスはついに大統領に当選すると、徐々に権力を集中させ公約通り社会主義的な政策を展開して行く。反米・半グローバリズムを掲げ、石油による莫大な収入をバラ撒きに使って民心を掌握したチャベスは、いよいよ独裁色を強めて行ったのである。

二〇一三年にチャベスが死去するまで、ベネズエラ経済は劣化しつつも大過なく回っていた。それは、ひとえに原油価格が高値を維持していたことで収入が安定していたからだが、後を引き継いで発足したマドゥロ政権に突入すると状況が一気に悪化する。二〇一四年秋以降、原油価格が一気に下落したのだ。一バレル＝一〇〇ドルだった原油は、最終的には二〇ドル台にまで下落しベネズエラの財政は危機を迎えた。

しかし、もはやベネズエラは財政を立て直す力を完全に失っていた。石油に完全に依存した経済は補完できる収入源の産業育成を怠り、完全に手詰まりとなっていた。さらに長年のバラ撒きで政治腐敗が進み、あらゆる統治・管理機構が機能不全に陥っていたのだ。

産油施設の劣化、老朽化も放置され、売ればいくらでも儲けられる石油資源は地下に眠ったままだった。貧困者が街にあふれ、治安は主要都市すべてが世界最悪レベルに悪化、政府はクーデターを恐れて不満分子を武力でねじ伏せるという惨状が繰り広げられた。飢餓が発生しているため、アメリカをはじめとした国々が人道支援を申し出てもそれを政府は拒否するという不可解な行動に出た。これはおそらく、人道支援を受け入れればそれが国民に国外の情報をもたらすこととなり、やがて政権維持に不都合になる恐れがあると考えたのだろうが、これはもはや独裁国家の末期的状況と言える。

こんな状況であるから、その国が発行する通貨を誰も信用しないのは明らかだ。そして、早晩ベネズエラの政権が破綻すれば、その後の政権が債務減殺（もしくは不履行）を実施するのは目に見えている。そんな国の通貨を、誰が持ちたいだろうか。ベネズエラのハイパーインフレとは、ベネズエラという国の現在価値を見事に反映した現象なのだ。

二六八万％ものハイパーインフレとは、ベネズエラ国民にとってどんなものなのか。わかりやすい例で見てみると、誰もが毎日のように飲むミルク入りコーヒーの価格は二〇一七年二月に〇・〇二ボリバルだったが、そのわずか二年後の二〇一九年二月には一億八〇〇〇万ボリバルになっている。なんと、二年で九〇億倍にもなったのである。

急激な桁数の激増によって、買い物は困難を極めたという。二〇一八年八月の物価を見ると、丸鶏（二・四キロ）が一四六〇万ボリバル、トマト（一キロ）が五〇〇万ボリバル、トイレットペーパーが二六〇万ボリバルだった。つい一年半前にコーヒー一杯が〇・〇二ボリバルだったことを考えると、トンデモナイ量の札束を持って行かなければ日用品すら買えない状況だったのだ。体の弱い高齢者など、とてもではないが買って帰る前に力尽きてしまったに違いない。

だが、ベネズエラの苦境はそれに留まらない。そもそもハイパーインフレが加速しているのは、決定的にモノがないからでもある。元々ベネズエラは食糧を海外からの輸入に頼っていたが、政府の収入が激減したため食糧輸入も滞ってしまったのだ。二〇一三〜一七年までの四年間に経済規模が二七％も減少し、食糧輸入に至っては七割も減ったという。マドゥロ政権が発足してから食糧も配給制を取るようになったが、もはや配る食糧すらないのだからどうしようもない。スーパーにはモノがなく、何か入荷するという噂が出ると店に大行列ができて取り合いになるのだという。

こうした状況になると、食べ物に関するいろいろな逸話も登場する。ある日、マドゥロ大統領はテレビ演説でこう語った――「われわれは、ウサギはかわいいペットと教えられてきているため、文化的な問題がある。ウサギはペットではなく、二・五キロの高たんぱくでコレステロールのない肉だ」（英ロイター二〇一七年九月一五日付）。同国では、繁殖力の強いウサギを国民に育てさせそれを食べることで食糧問題を解決しようとしたが、国民はウサギをペットとして可愛がって食べようとしなかったという。そこで出てきたのがこの演説だ。

国家元首がテレビにわざわざ出て何事かと思えば、言うに事欠いて「ウサギは食べるもので、可愛がるものじゃない！」とお説教したのだから、もはやタチの悪い冗談としか考えられない。だが、いたって大真面目にこんな話が出ているのだ。

さらに、動物園では飼育している生き物の〝盗難〟が相次いでいるという。現地報道によると、転売目的の他に「食用」に供された可能性も高いそうだ。

日本でこんな話が出たら大ニュースだが、街の至るところで子供から年寄りまでゴミ漁りしている国と考えれば、動物園で食糧調達するというのもまったく違和感なく感じられる。

日本に到来する高インフレはどの程度か？

ベネズエラのこうした現状を踏まえれば、国家破産によってものの数年で数千～数万倍の物価上昇が起きることもあり得ない話ではない。また、こうした極端なハイパーインフレは、歴史を紐解くといくつも例がある。歴史上のハイパーインフレトップ5を一六九ページにまとめてみたが、これだけの天文学的インフレがいずれも過去一〇〇年間で起きているというのは非常に興味深い。また、この三〇年だけを振り返っても、ハイパーインフレが発生した国は一五ヵ国にもおよぶ。

なお、ここで挙げている例はいずれもアメリカの経済学者フィリップ・ケーガンが提唱した「月率五〇％のインフレ率」という厳格な定義に合致する例だが、この定義は高インフレが引き起こす悲劇の実態を知る上であまり参考にならないという意見もある。

「月率五〇％」のインフレを年率に換算すると一万三〇〇〇％、つまり物価が一年で一三〇倍になるということだ。確かに、これだけの上昇率をハイパーインフレと呼ぶのは妥当だが、それに満たないからと言って「深刻なインフレではない」などとは決して言えないからだ。

たとえば、日本の戦後すぐのインフレでは、一九四五〜四九年までの期間で物価は七〇倍にもなった。これは、終戦直後の一〇〇〇万円が一九四九年には実質価値が一五万円弱にまで下がったということだ。財産税でむしり取られたという要因も加わったにせよ、終戦直後に十分な蓄えがあった人でもたった四年で資産が七〇分の一に減額した計算だから、事実上の「国民総無一文」というべき話である。しかも、当時は食うや食わずの食糧難、物資難の時代でもあった。もはや、これは事実上の国家破産的状況と言って差し支えないだろう。

世界の歴代ハイパーインフレ・ランキング

1位

ハンガリー ……………… 1946年
（月間１京3600兆％……15.6時間で倍）

2位

ジンバブエ ……………… 2008年
（月間790億6000万％……24.7時間で倍）

3位

ユーゴスラビア ……… 1994年
（月間3億1300万％……1.4日で倍）

4位

ドイツ ………………………… 1923年
（月間29,500％……3.7日で倍）

5位

ギリシャ …………………… 1944年
（月間13,800％……4.3日で倍）

拙著『国家破産で起きる36の出来事』（第二海援隊刊）より

同様にソビエト連邦崩壊後の一九九〇年代前半のロシアでは、年率七〇〇〇%という高インフレが三年余りも続いた。一年で七〇倍という猛烈な物価上昇で、これもケーガンの「月率五〇%」に照らせばハイパーインフレではないことになるが、その実態は苛烈を極めた。一九九二年の統計によると、主な食品の消費量は軒並み減少したものの、エンゲル係数（家計に占める食費の割合）は跳ね上がり、収入のほとんどを食費に振り分けても足りず、食事自体を減らした人が大勢いたことが浮き彫りとなった。

また、一九九八年には通貨の切り下げ（デノミ）を行なったが、この時に行なわれたのは通貨単位だけでなく、その価値も切り下げるという強烈なものだった。一〇〇〇分の一のデノミにより、今まで持っていた資産額は一〇〇〇分の一となったが、物価は相変わらずだったのだ。たとえるなら一〇〇億円を保有する大資産家が、デノミによって一瞬にして資産一〇〇〇万円の庶民に転落してしまったということだ。

その後のロシアは、国債のデフォルト、通貨ルーブルの暴落、預金封鎖とまるで絵に描いたような破産街道を歩んだ。そして多くの国民、特に高齢者が貧困層に転落し、現実逃避のために酒を飲み続け廃人同様のアルコール中毒になる者、精神が崩壊し狂人になる者、さらには将来に絶望して自殺する者が続出したという。

一九七〇年代から約三〇年間も高インフレだったトルコも、事実上のハイパーインフレと言うべきものだろう。ピーク時でも年率一二〇％程度（物価が二・二倍程度）でベネズエラやジンバブエなどに比べれば「何でもない」水準のように見えるが、トルコの物価は三〇年間で一二万倍にもなった。

つまり、通貨価値は一二万分の一にまで目減りしたということだ。通常一二億円持っていれば立派な超富裕層だが、トルコでは一二億円を何もせず三〇年間放置したならば一万円に減価してしまったのだから、たまったものではない。

トルコの人々は、ロシアや戦後日本に比較すれば日常生活に苦しまなかったようだが、収入があるとすぐモノに替えるというのが生活の知恵として当たり前だったという。たとえば、家を建てるにしても収入があったらすぐに建設会社に連絡し、ある分のお金を払って進められるところまで作業してもらい、次に収入があるまでは途中でも放置する、というのが一般的だったそうだ。

また、蓄財するにしてもトルコリラではまったくその用をなさないため、たとえば給料がリラで支給されたら即座に米ドルに換金し、使う時にトルコリラに戻して使う、というのが常識になっていた。

ある種の「その日暮らし」的な生活であり、一見するとのどかな話のようにも想像できる。しかし、よく考えてみてほしい。こうした経済情勢では「老後の蓄え」を維持することは極めて困難である。あらゆる資産クラスに資産分散し、インフレによる資産減価リスクと常に戦って行かなければならないのだ。

高インフレには「劇症型」と「慢性型」がある

トルコやロシア、日本で起きたインフレは、ジンバブエやベネズエラなど「劇症型」に比べれば相対的に緩やかな高インフレ状態だったわけだが、ただ

「慢性型」高インフレの場合、インフレ状態が一〇年単位の長期にわたってダラダラと継続したことが特徴的だ。他にも、一九八〇年代のアルゼンチンやブラジルなど南米の高インフレによる社会情勢の悪化は、政治不安などもあってかなり深刻な状態だった。

このように高インフレ国家を比較・検討してみると、ハイパーインフレには「劇症型」と「慢性型」の二つのタイプが存在するらしいことが見えてくる。その区別を明確につけることは難しいが、大まかにいうと「劇症型」の典型はジンバブエ、第一次世界大戦後のドイツや第二次世界大戦後のハンガリーなどで、一方の「慢性型」はロシア、トルコや太平洋戦争後の日本となるだろう。

このいずれかが起きるかについて、特定の法則性や発生条件があるわけではない。ただし、「劇症型」が起きている国の統治状況を見てみると、独裁性が高い政権が末期的状況に陥る、あるいは政権が転覆して混乱といった傾向があるように見受けられる。物資が滞り、政府が無計画に通貨を乱発し、その場しのぎに走った結果、通貨価値が暴走するというイメージだ。一方、「慢性型」の場合はかろうじて統治機構は維持しているものの、根本的な経済・財政再建策を行なうことができず、ダラダラと問題の先送りをしているという印象がある。

両者に性質の違いはあるものの、いずれの場合においても高インフレは、政府が莫大な借金を抱えている時にその債務を減価させる効果を発揮する。特に、政府債務が自国通貨建てで、内国債比率（国債を自国内の個人、企業などで保有している割合）が高い場合、その減殺効果は大きくなる。なぜなら、国債の額面はインフレによっても変わらないが、物価はどんどん上昇するため実質的な借金の価値は時間の経過と共に小さくなるからだ（これが外貨建てや米ドル建てや保有主体が国外の場合、インフレに関係なく相手国通貨建てや米ドル建てでの支払いを求められるため、減殺効果がかなり変わってくる可能性が出てくる）。

たとえば、現在一〇〇〇兆円の政府債務があるとして一〇年間で物価が一〇万倍になれば、額面一〇〇〇兆円の借金は事実上一〇万分の一の価値、つまり一〇〇億円程度になるのだ。そうなれば、国家は「徳政令」や「大増税」など国民の反発を買う政策を断行せずとも借金をチャラにできるわけで、ある意味非常に都合がよいということだ。

「金融抑圧」によってトドメを刺される

ここで、そんなに簡単に行くのか？　と疑問に感じる方もいるだろう。個人で借金をすれば、物価変動見合いで金利も変動するため、実際にはインフレになっても借金が目減りするわけではない。当然、国家も同様にインフレが進行すれば利払いが増え、結果借金は目減りしないのではないか、と。

しかし、ここに一つのトリックを用いるとより効果的に借金減殺が進められる。第二次世界大戦後にイギリスが取った方法——「金融抑圧」である。金融抑圧とは、金融政策を担う中央銀行を通じて、金利をインフレ率より低く制限するという方法だ。金利の規制は、新たに法律を作る必要も議会の承認を取る必要もないという意味で他の方法よりも容易である。それでいて、強力な債務削減効果が期待できる。

極端な例だが、インフレ率が五〇％の時、金利を二〇％に規制する「金融抑圧」を実施したとしよう。すると、国債の利回りは物価上昇率から見て三〇％のマイナス利回りになる。マイナス利回りとは、お金の貸し手が利息を支払う格好になるわけで、時間が経過するほど国債の実質価値は目減りし続けるのだ。

金利政策を主導する中央銀行は、本来政府とは独立した意思決定を行なう建前だが、国家が破産の危機に瀕すれば当然、暗黙の連携をすることになるだろう。なにしろ国家が崩壊するのに、中央銀行だけが生き残るという道理はないからだ。一方で、「金融抑圧」が施行されれば国債保有者はあっと言う間に資産を目減りさせることになる。事実上、国債保有者は貸し付けた財産を巻き上げられているということだ。

近代の日本を振り返ると、黒船襲来から明治維新に至った経緯や太平洋戦争後のＧＨＱ占領といった、日本が政策的に大ナタを振るった歴史的転換点では、「海外からの圧力」が大きく関係していた。そうした歴史を俯瞰するに、私は日本人が「外圧」に頼らず自ら痛みを伴う債務整理を断行することは、まずあり得ないだろうと見ている。さらに日本は、日本円建て・内国債比率が極めて高く、また個人の貯蓄額や企業の内部留保が分厚い。

こうした事情を勘案すると、日本が破産して財政再建を余儀なくされた時、「高インフレ」と「金融抑圧」という、国家にとって痛みが少なく実行に移しやすい方法が取られる可能性が高いと見ている。

読者の皆さんには、「今、こんなにデフレで、アベノミクスをやってきてもインフレにならないのに、本当にそんなことが起こるのか?」とお考えの方もいよう。しかし、インフレとは恐ろしいもので、ちょっとしたきっかけで始まってしまうと一気に加速するものだ。日本は資源に乏しく、食糧も全面的に輸入に頼っているが、何かの拍子に輸入価格が高騰すれば容易にインフレに傾く危険がある。

さらに、日本の財政悪化もインフレ加速要因だ。日本の天文学的政府債務は、すでに海外の一部専門家筋では危険水準として高い注目を集めている。しかも、その莫大な政府債務の半分近くを日銀が保有しており、半ば日本円＝日本国債という構造になっている。つまり、何かの拍子に日本の国家としての信認が低下すれば、それは日本円の信認に直結するということだ。

これが現実になれば、急速な円安が進行し、輸入品自体の外貨建て価格が高騰せずとも為替要因で物価が急騰する危険すらあるのだ。

インフレに勝てる資産防衛を今すぐ実行せよ！

こうしたことを総合すると、私は日本の国家破産によって「慢性型」高インフレが到来し、国民資産はほとんど失われることになると踏んでいる。数年、ないしは一〇年程度の中長期で数十～数百%のインフレが起きれば、資産価値は数分の一ないしは数十分の一にまで目減りするだろう。

これから老後をつつがなく過ごすために一億円必要というのは、現在の物価水準での一億円であって、インフレは考慮されていない。老後資金とは、将来資金のことだから当然「将来いくら必要か」で考えるべきで、インフレ率を考慮するのが当然である。したがって、多少甘い見積もりであるが将来一〇倍のインフレを考慮すれば、「一億円ではなく一〇億円が必要」になるということだ。一〇億円と簡単に言ってしまうと、読者の皆さんから「浅井さん！　そんなの無理ですよ‼」という声が聞こえてきそうだ。しかし、それほど心配にはおよばない。すでに一億円の老後資金を確保できているという方も、数千万円程度しか確保できていない方も、国家破産への対策に今から真剣に取り組めばまだまだ間に合う。具体的な方策はここでは解説しないが、拙著『国家破産ベネズエラ突撃取材』『２０２０年の衝撃』（第二海援隊刊）では、国家破産や世界恐慌の実像とそれに対抗するための資産防衛の基本を解説しているのでぜひご参照いただきたい。

また、きたるべき激動の時代を逆手に資産を大きく殖やしたいという方には、『10万円を10年で10億円にする方法』『恐慌と国家破産を大チャンスに変える！』『コロナ恐慌で財産を10倍にする秘策』（以上第二海援隊刊）も大いに参考になるだろう。

いずれにせよ、ただ漫然と金融機関に資産を寝かせっぱなしにしていれば、あなたの老後資金は確実に国家に巻き上げられるだろう。ただちに資産防衛に着手し、備えを万全にすることを強くお勧めする。適切に準備をした者にのみ、明るい老後は約束されるのだから。

第七章

誰があなたを介護するのか

——遅かれ早かれ破綻する社会保障制度

労働者の一割は介護労働者になる⁉

本書はここまで、老後の生活を支えるはずの公的年金制度について見てきた。そして、今の年金制度は到底「一〇〇年安心」などと言える代物ではないことを明らかにしてきた。その最大の原因は、制度の支え手である現役世代がどんどん減り、二〇四〇年には高齢者一人を現役世代一・五人で支えなければならなくなるという、どうにもならない人口動態だ。本書では、年金積立金についても若干述べてはきたが、年金積立金など年金給付額の三年分もない。わが国の年金制度の基本は、現役世代から高齢世代への〝仕送り〟なのだ。

そして、本章のテーマである「誰があなたを介護するのか?」という問題も、同じことだ。あなた自身にお子さんがいれば別だが、社会全体としての「お子さん」は、高齢者がどんどん増える一方でどんどん減って行くのだから、社会としての介護になど期待できるはずがない。遠からぬ将来、日本中に言わば

65歳以上を15～64歳で支えた場合の人数比率

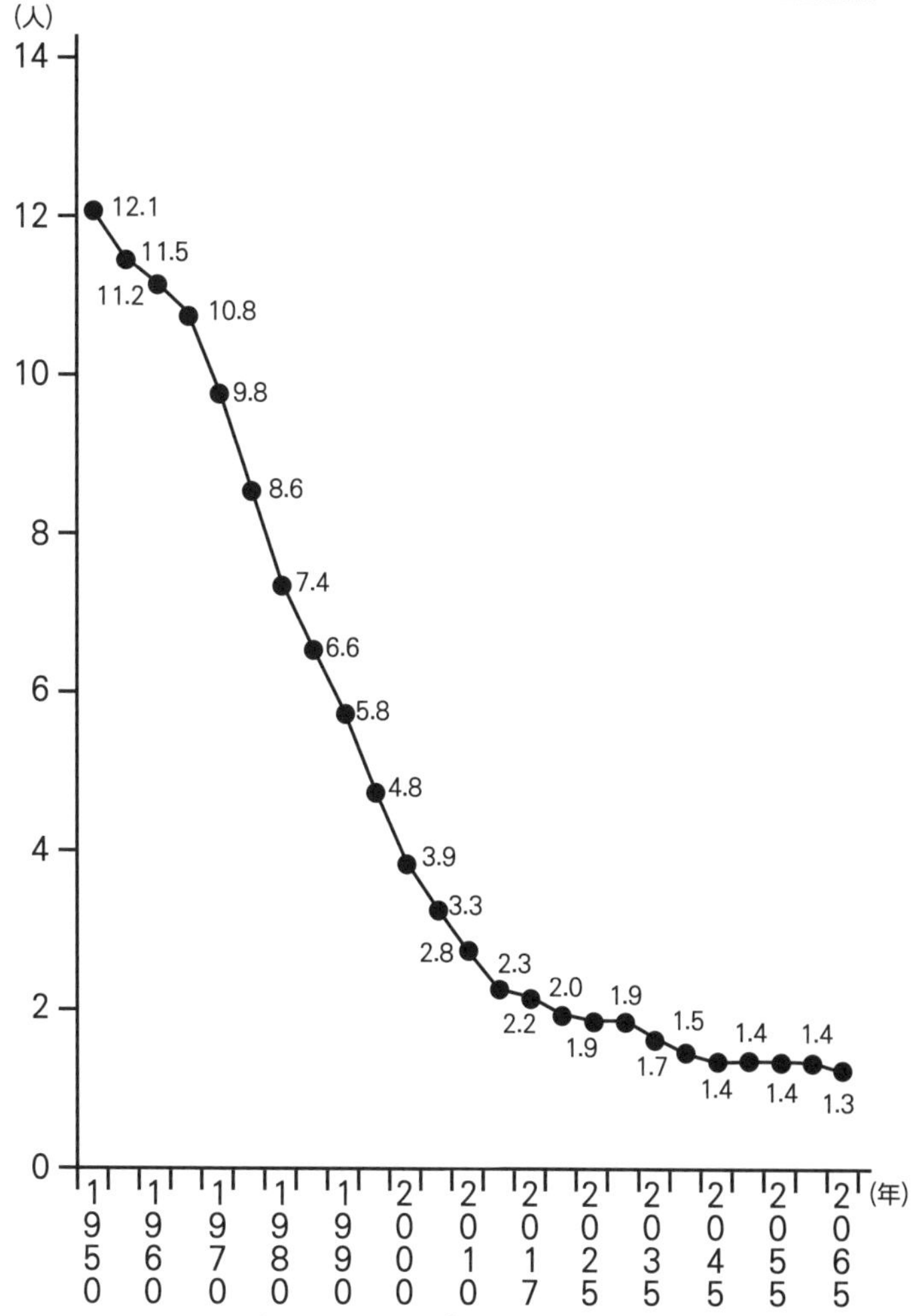

高齢社会白書（2018年版）のデータを基に作成

〝介護難民〟があふれる状態になることだろう。感覚的に言うより、数字でお伝えした方がよりその深刻さが伝わるであろうから、政府見通しの介護就業者数がどのようになっているかを記そう。

二〇四〇年度になると、働き手は減る。就業者数は、全体で五六五四万人と予想されている。それに対して、医療福祉分野の就業者数は一〇六五万人。全就業者数の一八・八％にも達するというのが政府の「計画ベース」の数字だ。そして、そのうち介護分野に従事する就業者数は五〇五万人。全就業者数の一〇％近くが介護分野に従事するようになるという（ちなみに二〇一八年度は就業者総数六五八〇万人に対して介護就業者は三三四万人で五・一％）。

この政府の見通しの根拠は、「需要の変化に応じて就業者数が変化すると仮定」してのものだ。つまり、高齢者増に伴って今より一七〇万人以上の介護就業者が必要とされるようになり、それに応じて介護就業者数は増えるという仮定で話をしている。しかし、介護の世界では今でも人材確保難が指摘されているのに、今より一七〇万人以上も多い介護就業者を確保できるのだろうか？

外国人が一〇〇万人単位できてくれるとでも言うのだろうか？

こういう具体的数字からイメージされるのは、介護に従事する労働者が絶対的に不足する中、介護現場では日本語が必ずしも流暢とは言えない外国人（インドネシア人・フィリピン人・ベトナム人など）が今以上に圧倒的に増え、それでも人手は足りず、介護を受ける側は放っておかれる、あるいは不自由な意思疎通を余儀なくされ、意思を伝える気力、しいては生きる気力も喪失させて行く……決して大げさではなく、こういう介護現場が現出することであろう。

ウソとゴマカシだらけの少子化対策

しかし、読者の中には楽観論者もいらっしゃるかもしれない。たとえばこんな具合だ。「少子化が問題視されるけれど、対策を打てば昔は二、三人子供がいるのは当たり前だったんだから、なんとかなるんじゃないの。先進国でも、確かフランスは少子化を克服したとかって聞いたことがあるし、政府もそういうのにならって、いろいろやってるでしょ」と。確かにフランスは下がり続けた出生率を高め、一時は二・〇を超えるまでになった。政府もフランスに学ぼうと、「令和元年版少子化社会対策白書」では、次のように記している。

「特にフランスやスウェーデンでは、出生率が一・五～一・六台まで低下した後、回復傾向となり、二〇〇〇年代後半には二・〇前後まで上昇した。これらの国の家族政策の特徴をみると、フランスでは、かつては家族手当等の経済的支援が中心であったが、一九九〇年代以降、保育の充実へシフトし、その後さらに出産・子育てと就労に関して幅広い選択ができるような環境整備、すなわち『両立支援』を強める方向で政策が進められた」（内閣府ホームページ）。

そして、こうした国に学びつつ、政府は「少子化社会対策大綱に基づき、『結婚、妊娠、子供・子育てに温かい社会』の実現のために、会議・検討会等を通じ幅広い視点から検討を重ねながら、あらゆる施策を推進しています」（同前）と言っている。しかし、残念ながら私は少子化はもう手の打ちようがないと思っている。それは、以下の二つの理由からだ。

まず、これは絶対にあり得ない話だが、仮に今年から劇的に合計特殊出生率（人口統計上の指標で一人の女性が出産可能とされる一五～四九歳までに産む子供の数の平均）が急上昇して、政府が「希望出生率」と呼ぶ一・八に達したとしよう。だが、その子が社会を支える担い手になるのは二〇年後の二〇四〇年。先にも述べたように、高齢者数がピークを迎え一・五人の現役世代（生産年齢人口）で一人の高齢世代を支えなければならなくなる年だ。だから、仮に今からどんどん子供が生まれたとしても、二〇四〇年にはまだそのほとんどは社会の支え手にはなっていない。

いや、それどころか、「少子化対策」「全世代型社会保障」のかけ声の下、政府も野党も幼保から高等教育まで無償化を推し進めている。だから、仮に出生率が上がり出生数が増えたとしても、彼ら自身が二〇四〇年頃までは高齢者と同様に社会保障の対象、あえてストレートに言えば「国家のカネ食い虫」なのだ。そもそも、希望出生率一・八に達したとしても、人口置換水準（人口が増加も減少もしない均衡した状態となる合計特殊出生率の水準のこと。具体的数字としては二・〇七）にはおよばないから人口減は続くのだ。

もう一つの本質的な問題点は、少子化対策の議論がいろいろなされているが、そのほとんどが本当に効果があるのか、根拠がかなりアヤシイということだ。

先進国の中で高い合計特殊出生率を維持しているフランス。一八九ページの図の通り、フランスも一九六〇年代から九〇年代半ばまで出生率は下げ続けていたが、九三、九四年を底（一・七三）に上昇に転じ、二〇〇六年には二・〇の大台に乗せた。その後も二・〇に近い比較的高い水準を維持している。

この少子化対策の優等生・フランスにならおうということで、しばしば議論の俎上にのぼるのが、フランスが取り入れている「N分N乗方式」という課税ルールだ。これは、所得税の課税対象を個人ではなく一世帯全体を単位として課税する仕組みのことで、この税額の算定は世帯の所得を合算した総収入額を世帯の人数（N）で割って一人当たりの所得額を計算し、その所得額に累進課税の税率をかけて一人当たりの課税額を出す。その税額に世帯人数（N）をかけた額が、世帯として支払うべき税金となるというものだ。

各国の合計特殊出生率の推移

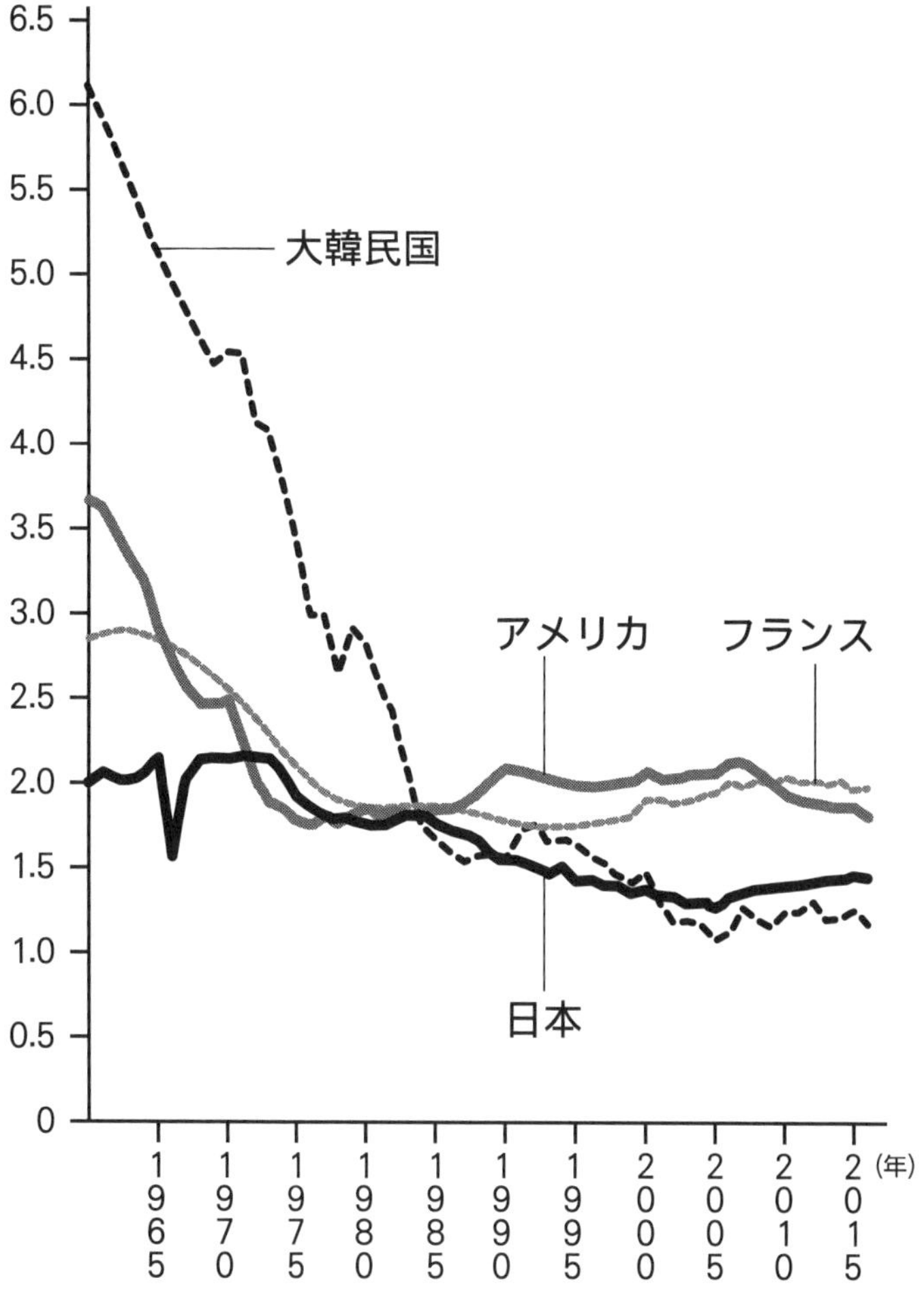

世界銀行のデータを基に作成

この方式だとどういうことになるかというと、世帯を構成する人数が多いほど所得を割る数Nは大きくなる。すると一人当たりの所得は小さくなって累進課税によって低い税率が適用され、納税額は低く抑えられる。だから、Nを大きくする＝子だくさんにつながるという理屈だ。

かつて、麻生太郎副総理・財務・金融相や現在自民党税制調査会長を務めている甘利明氏も、この課税方式を「検討する」と言っているし、政府税制調査会の「個人所得課税に関する論点整理」でも、「N分N乗方式」は紹介されている。まあ、いろいろと検討するのは結構なことだ。

しかし、私は断言する。一九九〇年代半ばからのフランスの出生率回復と「N分N乗方式」との関連性はない、と。なぜ断言できるかというと、フランスで「N分N乗方式」が採用されたのは九〇年代半ばではなく、戦後すぐの一九四六年であるからだ。フランスでは、一九世紀末から出生率の低下が憂慮され、さらに第二次世界大戦による人口減少に見舞われ、これに歯止めをかけるべく一九四六年から「N分N乗方式」が採用された。だから、九〇年代半ばからの出生率回復と関係がないことは明らかだ。

少子化克服の優等生フランスで、実はフランス人の子は減っていた

どうも、日本人は今も「欧米では」に弱い。フランスなどというと、いまだに憧れを持っている人も少なくない。だからすぐ、あまり考えずにならおうとする。フランスの出生率回復の実像をよく分析して行けば、そんなに簡単に日本が真似られるものでないことは明らかだ。なぜなら、まず第一にフランスの出生率回復には、移民が大きく寄与しているからだ。

そもそも、フランスの国立統計経済研究所の統計には「両親の国籍別出生数」と「両親の出生国別出生数」なる統計があるのだ。国家がこんな統計を取りまとめていることからして、日本人には信じられないことであろう。この統計は二〇年分以上（一九九八〜二〇一九年）を見ることができるので、合計特殊出生率が一・七八だった一九九八年と、近年で二・〇を超えていた二〇一四年

（出生率二・〇二）、直近の二〇一八年（出生率一・八七）で変化を見てみよう。

まず国籍の方から見て行くが、明らかなのは両親共フランス国籍である子供は、絶対数においてもパーセンテージにおいても大きく減っているということだ。一九九八～二〇一四年にかけては、出生率は大幅に上がり（一・七八↓二・〇二）出生数も大きく増えた（七六万人↓八一万人）にも関わらず、両親がフランス国籍である赤ちゃんは二万人以上減っているのだ。

では、この出生率（出生数）上昇に寄与している親はというと、片親が外国籍、あるいは両親共外国籍の親だ。外国籍の中でも、特に「非ＥＵ国籍」が絶対数においても比率においてもその存在感が大きい。両親のどちらか、あるいは両親共「非ＥＵ国籍」の赤ちゃんは約一六万人も生まれている。

二〇一四～一八年にかけて出生率も出生数も大きく下がったが、そんな中でも「両親共外国籍」の赤ちゃんは増えている。とりわけ、「両親共非ＥＵ国籍」の赤ちゃんは一一・六％も増えている。ちなみに、出生率・出生数が大きく下がった要因となっているのは両親がフランス国籍の赤ちゃんの大幅減で、この

フランスにおける両親の“国籍”“出生国”別出生率・比率

	1998年	2014年	2018年
両親ともフランス国籍	**655,856人**	**634,027人**	**568,714人**
	85.4%	77.5%	75.0%
親のどちらかがフランス国籍	**61,295人**	**115,647人**	**111,848人**
	8.0%	14.1%	14.7%
片親はフランス国籍、片親はEU国籍	16,837人	16,181人	15,329人
	2.2%	2.0%	2.0%
片親はフランス国籍、片親は非EU国籍	44,458人	99,466人	96,519人
	5.8%	12.2%	12.7%
両親とも外国籍	**50,755人**	**68,891人**	**78,028人**
	6.6%	8.4%	10.3%
両親ともEU国籍	6,737人	10,217人	11,509人
	0.9%	1.2%	1.5%
両親とも非EU国籍	42,790人	55,056人	61,443人
	5.6%	6.7%	8.1%
片親はEU国籍、片親は非EU国籍	1,228人	3,618人	5,076人
	0.2%	0.4%	0.7%
	767,906人	**818,565人**	**758,590人**

	1998年	2014年	2018年
両親ともフランス生まれ	**590,160人**	**579,106人**	**516,483人**
	76.9%	70.7%	68.1%
親のどちらかがフランス生まれ	**105,740人**	**123,855人**	**116,670人**
	13.8%	15.1%	15.4%
片親はフランス生まれ、片親はEU生まれ	26,426人	19,293人	17,538人
	3.4%	2.4%	2.3%
片親はフランス生まれ、片親は非EU生まれ	79,314人	104,562人	99,132人
	10.3%	12.8%	13.1%
両親とも外国生まれ	**72,006人**	**115,604人**	**125,437人**
	9.4%	14.1%	16.5%
両親ともEU生まれ	6,713人	9,726人	10,469人
	0.9%	1.2%	1.4%
両親とも非EU生まれ	62,103人	102,319人	110,991人
	8.1%	12.5%	14.6%
片親はEU生まれ、片親は非EU生まれ	3,190人	3,559人	3,977人
	0.4%	0.4%	0.5%
	767,906人	**818,565人**	**758,590人**

フランス国立統計経済研究所のデータを基に作成

四年間で実に一〇・三％も減少している。

国籍ではなく、両親の出生国で見てみるとこの傾向は一層顕著だ。二〇一八年にフランスで生まれた赤ちゃんで、両親のどちらかあるいは両親共が「非EU国」生まれの子は、二二万人以上もいる。それに対して、両親共にフランス生まれの子は五一万人、率にして六八・一％しかいない。つまり、三人に一人の赤ちゃんは両親のどちらか、あるいは両親共にフランス生まれではないのだ（「外国籍」より「外国生まれ」の方が多いのは、移民でまだフランス国籍を取得していない者が多くいることによる）。

移民のおかげで子供は増えたが、社会の分断も

では、「非EU国」とはどのような国かというと、アフリカ（旧フランス植民地がほとんど）が約六五％を占めるということだ。中でも、北アフリカのアルジェリア・モロッコからの移民が多い。これにチュニジアを加えた北アフリカ

三ヵ国（マグレブ三ヵ国）だけで移民の約三割を占める。

アルジェリアの首都・アルジェからフランス南部のマルセイユまでは、地中海を挟んで直線距離で八〇〇キロメートルしかない。これは、東京から福岡に行くよりも距離的には近い。それくらい地理的に近いところへもってきて、こういった国々の一人当たりＧＤＰは今でもフランスの一〇分の一以下だ。それは移民に行きたくもなるだろう。ただし、フランスでは一九七四年から原則として新規の外国人労働者の受け入れを停止している。しかし、家族の合流は認めていたため、定住化した移民の家族呼び寄せとその二世の誕生によって、移民の数は増加し続けているのである。一九九八年のサッカー・ワールドカップでフランスを優勝に導いたジネディーヌ・ジダン氏は、マルセイユ郊外の貧民地区で育ったアルジェリア移民二世である。ジダン氏は、七人兄弟の末っ子だ。〝移民の子だくさん〟は、このジダン氏の例が象徴的だ。

こうして見てくると、九〇年代からのフランスの出生率回復には、次のような背景があったことが読み取れそうだ。

①フランスはアフリカ（特に北アフリカ）に多くの植民地を持っていた。
②貧しいアフリカからフランスに稼ぎにきた移民は、子供をたくさん産む。
③いわゆる〝フランス人が両親である子供〟は激減している。

先に紹介した「平成二九年版少子化社会対策白書」では、政府はフランスの出生率上昇の要因をこのように分析していた――家族手当などの経済的支援から保育の充実へシフトし、その後さらに出産・子育てと就労に関する「両立支援」を強める方向で政策を推し進めたことが功を奏したと。しかし、日本政府のこのような分析は、明らかに最も大きなポイントが欠落している。最も大きなポイントとは、もちろん〝移民〟だ。

そもそも、両親がフランス人の子供は大きく減っているのだから、フランスの少子化対策が成功と呼べるものかどうかすら疑わしい（貧しい移民に対しては効果があったのかもしれないが）。さらに、こういう移民たちはジダン氏のような一部の成功者を除けば、必ずしもフランス社会に受け入れられ同化しているわけではない。二〇一七年一〇月一〇日付『東洋経済オンライン』は「日本

フランスは北アフリカに多くの植民地を持っていた

人が知らないフランスで進む社会の分断　地中海リゾート地がイスラム過激派の温床に」と題して、フランス南部のリゾート地・マルセイユの危うい現状を伝えている。記事中の小見出しだけすべてご紹介しよう。「地中海とブイヤベースの港町が今」「過去にもテロ未遂事件などが多発」「ドラッグの密売が盛んに」「〝過激派の温床〟との指摘も」。

日本でも、在留外国人は増えてきている。政府は、今後ますます深刻化する労働力不足に対応するため、二〇一九年度から五年間で最大三四万五〇〇〇人の外国人労働者を受け入れる方向に舵を切った。本章のテーマである介護は、五年間で六万人の受け入れを見込む。介護をはじめ建設・外食業など人材不足が深刻な一四業種が対象で、単純労働での外国人材活用に門戸を開いた。

確かに労働力不足を穴埋めするためには、外国人の力は必要であろう。そして、フランスの例でおわかりの通り、少子化をカバーすることを考えれば移民の力は大きい。しかし、日本は本気でその方向に舵を切るのか？　生まれてくる子供の三人に一人の親は外国生まれの国になる。外国人やハーフが当たり前の国。当然、フランスにおけるマルセイユのような様々な社会問題も生起しよう。どう考えても、日本政府にそこまで突き進む覚悟はないであろう（現在はいわゆる単純労働に従事する在留資格「特定技能一号」の場合、家族の帯同は認められず、在留期間も上限五年とされている）。

フランスでは六割が婚外子、同性婚も法制化された結果……

もう一つ、わが国とフランスとの極めて大きな違いについても触れておこう。フランスは、生まれてくる子供に占める婚外子の割合が五九・七％と極めて高い。わが国はその反対で、二・三％と韓国（一・九％）と並んで世界でも最もその割合が低い国の一つだ（いずれも二〇一六年）。つまり、結婚観・出産観でもフランスはわが国とは大きく異なっているのだ。

フランスで婚外子がこれほど多いのには、制度的理由がある。フランスには、一九九九年から施行された民事連帯契約（ＰＡＣＳ）という制度がある。これは、結婚よりも制約の緩いパートナーシップ契約だ。結婚よりも締結も解消も容易であるが、納税や手当受給など日常生活に関わる部分では結婚したカップル同様の「世帯」として扱われる。その簡便性・利便性が受けているのだ。

このＰＡＣＳ、元々は同性カップルの権利を法的に守るためにできた制度で、初年度は締結された契約の約四割が同性間のものであった。しかし最近は一割を切っており、〝同性〟カップルよりも〝同棲〟カップルがより多く活用するようになっている。この制度がフランス社会に与えた影響は大きかった。

二〇一八年六月一三日付ハフポストは、「子どもの六割が、結婚していない親の子？　フランスの出生率が高い理由」という特集を組んだ。その中でパリ市民の住民登録関係を管轄する、領土・民主・市民局、局長のギシャール氏の言葉を伝えている――「二〇一三年に同性婚が法制化されてから、ＰＡＣＳと結婚の割合は同性間でも異性間でも、ほぼ半々で推移しています」「セクシュアリティの考え方が柔軟になって、世帯のあり方も多様になりましたね。父母、父親二人、母親二人だけでなく、外見は母親でも出生記録は男性であるとか、男性二人の世帯だけれど届出上は女性二人世帯であるとか」（ハフポスト二〇一八年六月一三日付）。

今、わが国にもこういう流れはある。しかし、家族の在り方の多様化は進むにしても、日本社会がここまで許容するようになることは、私には想像し難い。フランスは、アフリカに多くの植民地を持っていたという歴史的背景や移民受け入れに対する抵抗感ばかりでなく、結婚観さらには家族観までわが国とは全然違う国なのである。

こういった事実を知れば、安易に「フランスにならえ」などと言うことはできないのは明らかであろう。歴史・風土・価値観が異なる外国の制度を簡単に取り入れて、成功できるはずがないのだ。

ついに出生率〇・八台に。絶滅が危惧される韓国

では、結婚観・出産観においてはわが国と似通っているお隣、韓国における

少子化の現状はどうかといえば、これがわが国以上に壊滅的と言ってよい状況になっている。二〇一九年一二月一七日付『ニュースポストセブン』は、「韓国で合計特殊出生率の急激な低下が進む　〝二一世紀に最初に消滅する国〟の危惧も」と題して、その惨状を伝えた。

それによれば、韓国は二〇一七年五月に文在寅政権が誕生してから合計特殊出生率の急激な低下が進み、二〇一九年七―九月期にはなんと〇・九を割り〇・八八にまで落ち込んだという。とりわけ大都市圏では深刻で、ソウルは〇・六九、釜山は〇・七八を記録した。元『週刊東洋経済』編集長で韓国経済に詳しい勝又壽良氏によれば、韓国メディアも〝絶滅〟を自覚するようになり、中でも朝鮮日報はソウルの合計特殊出生率〇・六九を〝絶滅への道に入った水準〟と評しているとのことだ。〝絶滅〟とは大袈裟なようだが、人口を維持する人口置換水準は合計特殊出生率二・一くらいだから、ソウルの水準はその三分の一しかなく決して大袈裟な表現ではない。

韓国の出生率はどうしてこのようになってしまったのか？　少子化対策はし

てこなかったのか？　結婚観・出産観が似通っている隣国のこの大失策に、私たちは学ばねばならないだろう。

実は、韓国は少子化対策をやっていないどころか、多額のお金を費やしてきた。韓国の人口減を伝える二〇一九年三月二九日付日本経済新聞によれば、「韓国政府は少子高齢化対策に一六～一八年の三年間で一一七兆ウォン（約一一兆円）をつぎ込んだが、施策が総花的で即効性がなく、出生率は目標の一・五に上向くどころか低下に歯止めがかからなかった」というのである。わが国の少子化対策関係費は、予算ベースだと二〇一六～一八年の三年間で約一三兆円である。人口規模・経済規模からして、いかに韓国が少子化対策に力を入れていたかがわかる。

反面教師にすべき韓国の少子化対策にならってどうする

では、中身はどのようなものだったのであろうか？　それを知るために、一つ興味深い識者のレポートを紹介しよう。日本総合研究所調査部主任研究員である池本美香氏が二〇一四年八月五日付『日経DUAL』で発表しているものだ。タイトルは「少子化対策、韓国の優れた制度に比べ出遅れる日本」だ。

「えっ」と声を挙げられた読者もいるのではなかろうか。絶滅が危惧されるまでに至っている韓国の少子化対策を、日本の識者は優れていると評していたのだ。池本氏が韓国を評価するポイントを見てみよう。池本氏はまず第一に「出産・養育に対する社会的責任の強化」が図られたことを挙げ、例としてすべての子供に対して保育を受ける権利を保障する「普遍的保育」、さらに二〇一三年に全所得階層のゼロ～五歳児に対して無償で保育を受けられる「保育無償化」を実現させたことなどを評価している。そして具体的数字として、二〇〇五年時点では三歳未満の保育利用率は日韓ほぼ同水準（日本一八・六％、韓国二二・〇％）であったが、二〇一二年には日本は二五・三％であるのに対し、韓国は六二・〇％にも達していることを挙げている。

こうした韓国の例なども参考にしたのかもしれないが、わが国においても二〇一九年一〇月一日から幼児教育・保育の無償化は導入された。制度は始まったばかりで、わが国において幼保無償化が少子化対策として効果が出るかどうかは今後の推移を見守る必要がある。

しかし、いち早く保育を無償化し、三歳未満の保育利用率自体は急上昇したにも関わらず、むしろ少子化にアクセルを踏んでしまったかのような韓国の惨状から考えれば、あまり期待できないと考えざるを得ないのではないか。

池本氏は次に「ファミリー・フレンドリーな男女平等社会文化の助成」政策がなされたことを取り上げている。女性も社会に進出して働く中で、男性をいかに育児に参加させるための施策がとられたことを評価しているのだ。こういう方向性は、世界の潮流だ。わが国の「少子化社会対策大綱」でも、重点課題の一つとして「男女の働き方改革」を挙げ、その中で①男性の意識・行動改革、②「ワークライフバランス」・「女性の活躍」の推進を掲げている。

しかし、女性の社会進出を後押しすることが本当に少子化対策になり得るのだろうか？　二〇一九年一一月六日付『日経ビジネス』に、データサイエンティストの松本健太郎氏が「二年早まった出生数九〇万人割れはなぜ起きた?・」と題する論考を寄稿している。この論考で採り上げられている事実の中で非常に重要なのは、ＯＥＣＤ二四ヵ国(一人当たりＧＤＰが一万ドル以上)における女性の労働力率と合計特殊出生率との相関だ。

このグラフ(二〇七ページ)からわかることは、女性の労働力率は八〇年代半ばから一貫して上がっていること。一方の出生率の方は、上がった時期もあったが趨勢としては下落傾向にあり、特に二〇一〇年代に入ってからは下落が著しいということだ。つまり、女性の社会進出が進むことは少子化を推し進める可能性が高いということだ。

政府は「女性が輝く社会」の旗を振っている。もちろん、女性が輝くのは結構なことだが、「女性が母として輝く社会」に向かって行かなければ少子化問題は解決されないだろう。女性が仕事で輝くのも良いことだが、それは少子化対策としては逆行しかねない。データはそう教えてくれる。

女性の社会進出が進むと出生率は下がる傾向にある

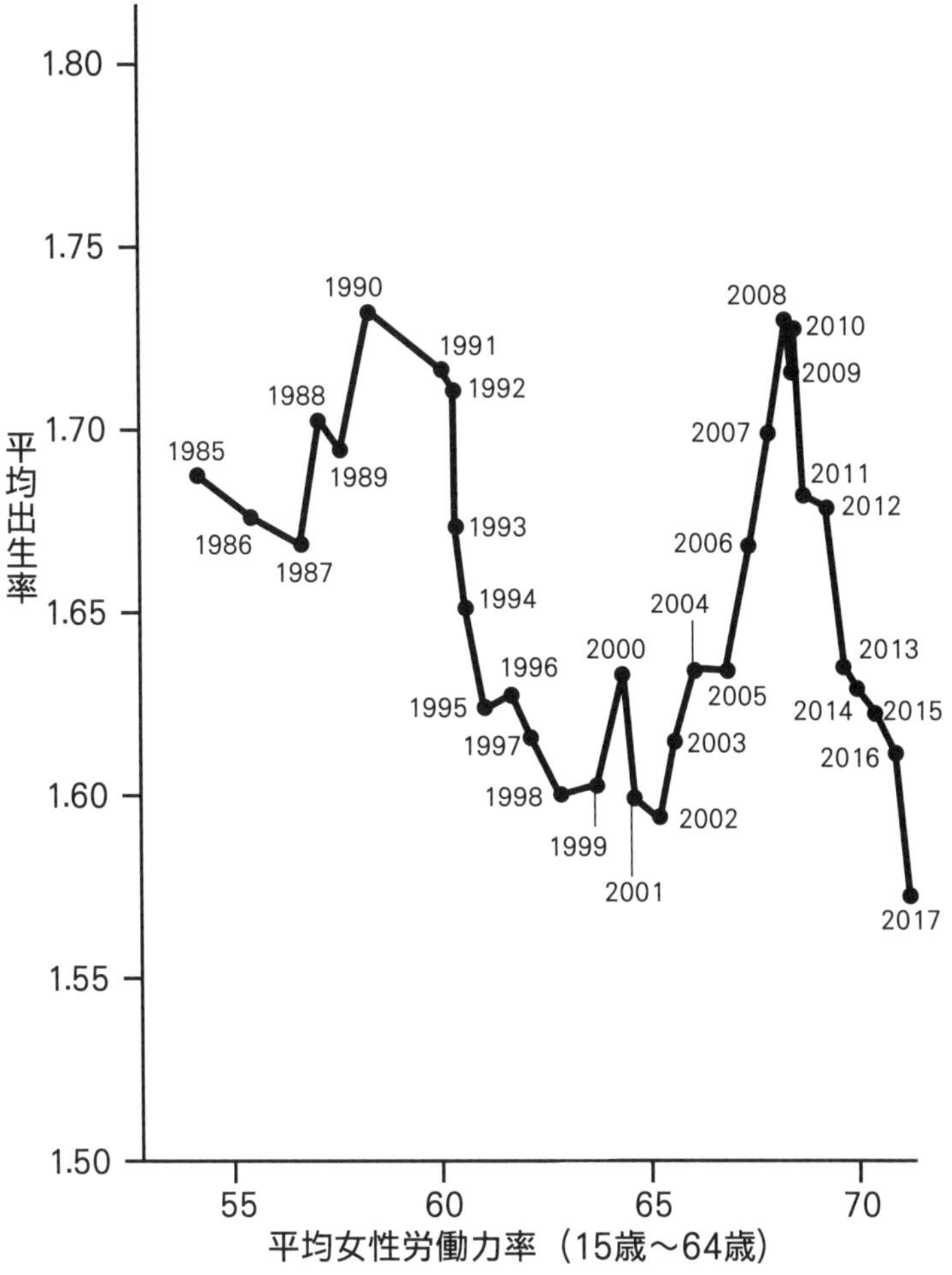

OECDのデータを基に作成

あり得ない経済成長を前提とした社会保障制度は必ず破綻する

本章でここまで見てきたことを、簡単にまとめてみよう。まず、
①介護人材は東南アジアなどからの外国人労働者で補っても圧倒的に不足する。なんとか高齢者を介護をしてくれる若い世代を増やすことはできないのか。
②少子化克服の優等生・フランスの最大要因は移民。
③日本と価値観が似通った韓国の少子化対策は、お金は使ったが大失敗。
かくして、少子化克服のためにどのような手を打てばよいのかは、正直なところ政府も識者も暗中模索手探り状態というのが現状であろう。こうなると、最後の頼みの綱は〝お金〟である。介護人材を確保するのにもお金がいる。政府がお金をバンバン出して、介護人材の給与を大幅にアップさせて人材を確保するのだ。しかし……ちょっと考えただけでもそんなことが簡単にできるはずはなさそうだと読者の誰もが思うであろう。その直感は正しい。

二〇一五年一一月二〇日付「みんなの介護ニュース」は、「介護職員の平均年収は全職種平均より二〇〇万円以上も少ない⁉」と伝えている。では、それをカバーするために、政府が介護従事者一人当たり二〇〇万円の報酬を支払うようにしたらどうなるか。二〇四〇年に予想される介護従事者の数は五〇〇万人強。単純化して五〇〇万人×二〇〇万円で計算すると、年額一〇兆円。現状の政府見通し（二〇一八年五月公表の「二〇四〇年を見据えた社会保障の将来見通し（議論の素材）」）では二〇四〇年度における介護給付費は約二五兆円だから、その四割にも相当する額を上乗せしなくてはいけない計算になる。

今の国家予算は約一〇〇兆円だから、その一割にも相当する。もし、やるとしたら消費税率一％で税収増二・五兆円と言われるから、この分だけで四％も消費税率を上げねばならない。大衆迎合主義の政治の下では、そんなことは絶対に不可能だ。

さらに追い打ちをかけると、今、紹介した「二〇四〇年を見据えた社会保障の将来見通し（議論の素材）」は社会保障に関する政府の公式見通しだが、これが甘々な試算なのだ。すでに述べたように、介護分野の就業者数は需要の伸びに応じて就業者数は増えるものと仮定して計算している。あり得ない仮定だ。

そして、計算の前提となる経済成長率だが経済規模が大きくなれば税収も上がり、社会保障にお金を出せる余裕も出てくる。そうでなくても政府は、国民に対して「経済成長する」と言わざるを得ないから、政府見通しの経済成長率はどうしても高くなる。年率三%を超える成長が続くという、どう考えても無理がある成長実現ケースは置いておいて、ベースラインケースで見ても二〇一八年度の名目成長率は二・五%。それ以降も一〇年間にわたって一・七%以上の安定した成長を見込んでいる。しかし、この二〇年間（一九九九～二〇一八年度）のわが国の平均名目成長率は、わずか〇・二二五%（!）なのだ。政府見通しのような安定した成長が続くことは、極めて想定しがたい。

それでも、読者の中には「まだまだ日本の技術も捨てたもんじゃないから、画期的イノベーションによって、再び日本も経済成長する可能性はあるのではないか」と一縷の望みをお持ちの方もいるかもしれない。その考えに対して、残念ながら私はとどめを刺さざるを得ない。確かに画期的なイノベーションは、いろいろな分野で起こるであろう。しかし画期的イノベーションは、もう経済成長とは結び付かないのだ。

フランスを代表する経済学者であるダニエル・コーエン氏は、著書の中で「デジタル革命は経済成長をもたらさない」（ダニエル・コーエン著『経済成長という呪い』東洋経済新報社刊）ことを数字による事実とわかりやすい説明で説いている。まず、数字の上での事実はというとアメリカでは過去三〇年間、国民の九〇％の購買力は上昇せず、ヨーロッパでは同時期に一人当たりの所得の平均増加率は三％から一・五％へ、そして〇・五％に低下したという。ここで「デジタル革命が一世紀前の電気革命と同様の経済成長の加速をもたらさないのは、なぜなのか」という問いを投げかけたコーエン氏は、アメリカの経済学者ロバート・ゴードン氏の言葉を借りながら、こう説明する。

——一八七〇年から一九七〇年のあいだに、人々の生活には驚くべき変化が起きました。一八七〇年には、人々はみな田舎に住み、馬がそこらじゅうにいました。そこに五〇年ほどで電気が通り、ラジオ、映画が発達し、自動車、飛行機が普及し、抗生物質が使用されるようになった。まさに怒涛《どとう》の変化です。

それに比べると、新しい消費社会がもたらしたのは、基本的にスマートフォンです。スマートフォンさえあれば、テレビを見たり、データを収集したり、人と話したり、ほとんど何でもできます。ただ、過去の偉大なイノベーションと比べると、それほど大きなものではありません。これがゴードン氏の考えです。この説で、経済成長が芳《かんば》しくない理由をある程度理解できます。五年ごとに新車を買い替えると新しいテクノロジーを楽しめますが、このような歴史的イノベーションと比べればそれほどの感動はありません。

（大野和基インタビュー編

『未来を読む　ＡＩと格差は世界を滅ぼすか』ＰＨＰ研究所刊）

政府の社会保障の将来見通しの経済前提“名目成長率”

	成長実現	ベースライン
2018年（平成30年）	2.5%	2.5%
2019年（令和元年）	2.8%	2.4%
2020年（令和2年）	3.1%	2.2%
2021年（令和3年）	3.2%	1.9%
2022年（令和4年）	3.4%	1.8%
2023年（令和5年）	3.4%	1.8%
2024年（令和6年）	3.5%	1.8%
2025年（令和7年）	3.5%	1.8%
2026年（令和8年）	3.5%	1.8%
2027年（令和9年）	3.5%	1.7%
2028年～（令和10年～）	1.6%	1.3%

内閣府のデータを基に作成

日本にもこういう冷静な分析をしている識者はいる。慶応義塾大学商学部教授の権丈善一氏は、二〇一九年一〇月三一日付『東洋経済オンライン』に「日本経済はどんな病気にかかっているのか」という一文を寄稿しているが、その中で先のコーエン氏とまったく同じことを、よりわかりやすく述べている。

私がよく言うのが、ビックカメラやヨドバシカメラの最上階から地下まで、各フロアを回ってみて、「どうしても月賦で買いたいというものはありますか?」と問うと、高度経済成長期を経験したことがある今の大人たちはみんな、「う〜ん、ないなぁ。月賦かぁ、懐かしい言葉だ」と言う。

そうした、多くの人たちの購買意欲がとても弱い社会、いや、適切な表現をすれば、ある程度、民間での消費が飽和している社会が、高度経済成長期のようなパフォーマンスを上げることができるとは思えない。

一方、アメリカでは、グーグル（Google）、アップル（Apple）、フェースブック（Facebook）、アマゾン（Amazon）の頭文字をとったＧＡＦＡなどが注目されるのであるが、一人当たり実質ＧＤＰの推移を見れば、どうも、ＧＡＦＡの元気のよさは、アメリカ国民全般の生活水準の上昇にはつながっていないようである。

（『東洋経済オンライン』二〇一九年一〇月三一日付）

私も同意見である。これからの日本は、経済成長しないのだ。だから、成長することを前提に立てられた社会保障の将来見通しは、必ず破綻するのである。

年金も介護も自力で手当てするしかない

最後の最後に一言。政府は「結婚、妊娠、子供・子育てに温かい社会」の実現のために、あらゆる施策を推進するという。しかし、その施策とは国民甘やかしではないのか。こういう施策の裏にある人間観とは、政府がお金を出して環境をもっと整備しなければ、国民は結婚もできないし、妊娠もできないし、子育てもできない、というものではなかろうか。国民自身も次第に、それが当然と思うようになってきている。だから「保育園落ちた日本死ね!!!」となる。このブログが大変に話題になったことは皆さんご記憶だろうが、ここでタイトルだけでなく、ブログの文章そのものも半分ほどそのままご紹介したい。


何なんだよ日本。

一億総活躍社会じゃねーのかよ。

昨日見事に保育園落ちたわ。

どうすんだよ私活躍出来ねーじゃねーか。

子供を産んで子育てして社会に出て働いて税金納めてやるって言ってるのに日本は何が不満なんだ?

何が少子化だよクソ。(以下略)

いかがだろうか? 私はこのあまりに品位のない言葉遣いにゾッとした。そして、政府が「結婚、妊娠、子供・子育てに温かい社会」実現のために、制度を作り、お金をかければかけるほど、こういう国民は増えて行くであろう。そのうち「結婚できない日本死ね！！！」のような言葉を吐き散らす国民も出てくるのではなかろうか。国への依存心を高めるばかりのこんな「国民甘やかし政策」では、私は絶対に少子化は克服できないと思う。

私はむしろ、逆を行くべきではないかと思っている。国民自ら立て、と。本章で今まで見てきたように、将来、介護人材は確実に絶対的に不足するようになり、わが国の少子化をストップさせる明確な手立てはなく、甘々の経済成長を前提に立てられた社会保障制度は破綻する。無理なものは無理。破綻するものは破綻するのだ。だから、国民は自ら立つしかないのだ。

産経新聞の連載コラムに「モンテーニュとの対話『随想録』を読みながら」というのがある。なかなか深みのあるコラムだ。そのコラムにかつて「『人生一〇〇年時代』に思う」（二〇一九年二月一日付）というのがあった。ここでは国民の自立を説いている。このコラムではズバリ、老後は国に頼らず自力で生きよ、それが無理なら自分の子供に面倒を見てもらえ、と説く。結婚しない人や性的少数者（ＬＧＢＴ）はどうするのかという反論に対しても、それは各人が工夫して老後に備えるしかない、子供がいようがいなかろうが同じことだと、気持ちいいくらいスパッと斬っている。そして将来的な年金制度の廃止、ソフトランディングを提言している。

私は、極めて真っ当だと思う。社会保障制度は、確実に破綻するのだ。だから、本書を通じてのテーマである年金も本章のテーマである介護も、自分で手当てするしかない。政府に期待するのは止めることだ。でないと、あなたは本当に死ぬ目に遭うだろう。

第八章

最後に大損するのは国民だ!!

——やはり徳政令でチャラに

大本命は「インフレ税」

現代の日本に生きていると「徳政令」などと聞いてもピンとこないかもしれないが、長い歴史を振り返ると、時の為政者が徳政令で債務の漸減《ぜんげん》（次第に減って行くこと、減らすこと）を図る事態はたびたび起きてきた。

たとえば、江戸時代には「御用金」と呼ばれた、実質的な徳政令が幾度となく発動されている。時代劇などで御用金を知っている人もいると思うが、あれは建前では幕府や諸藩が財政上の不足を補うために御用商人や町人から臨時に借用した金銀となっている。だが、返済されない場合がほとんどであった。

そもそも御用金は、利息が年二〜三％という借り手に圧倒的に有利な条件であったが、ひどいことに薄っぺらいその利息だけでなく元金すら返済されないケースが多発している。それゆえ、商人や町人から最も恐れられていた措置であった。

御用金は、最も古い記録で一七六一年（宝暦一一年）に募集され、代表的なものだけで一八〇六年（文化三年）、一八〇九年（文化六年）、一八一三年（文化一〇年）、一八三七年（天保八年）、一八三九年（天保一〇年）、一八四三年（天保一四年）、一八五三年（嘉永六年）、一八五四年（安政元年）、一八六〇年（万延元年）、一八六四年（元治元年）、一八六五年（慶応元年）、一八六六年（慶応二年）に発令されている。幕府の財政が悪化し続けた幕末にかけては、頻繁に募集された。

確かに、現代を生きる日本人からすると、御用金などは時代劇の中だけの出来事かもしれない。しかし、江戸幕府も現在の日本政府も徴税権を行使できる存在だということに変わりはなく、「ない袖は振れぬ」という状況に追い込まれれば間違いなく徴税を強化したり平気で借金を踏み倒す。

そもそも政府には、良い悪いに関係なくあるところから税を徴収し、それを改めて広く国民に分配する機能が備わっているが、それは時に極端な方法になりがちだ。さすがに現代の日本では、極端な財産税に相当する御用金のようなものはまだ実施されていないが、いざとなれば再分配を目的とせず、自分たちの財政を立て直すために、「あるところからあるだけ搾り取ろう」という姿勢に転ずるだろう。

これはあくまでも私見だが、現在の日本政府は完全なる制度疲労（制度が運用されているうちに社会状況が変化し目的と実情がずれてしまいうまく機能しなくなった状況）に達しており、たとえ為政者に悪気はなくともいずれ御用金のような徳政令を発動するはずだ。というより、発動せざるを得ない。

一八世紀のフランスの蔵相アベー・テレは「政府は少なくとも一〇〇年に一度は、財政均衡を回復するためにデフォルトを起こさなければならない」という言葉を残したが、この法則は現代でも不変である。言ってしまえば、どんなに優れた統治システムでも、結局は財政難に行きつくのだ。

「栄枯盛衰」という言葉の通り、よほどの栄華を誇った王朝でも結局は制度疲労に直面し、歴史に葬り去られている。かのローマ帝国も、ペルシャ王朝も、江戸幕府も似たような歴史をたどった。冷静に考えればわかるが、永遠に健全な財政を保てる為政者などは存在せず、制度疲労に伴って必ず徳政令のようなことが実施されている。そのタイミングに、現在の日本政府も達しつつあるということだ。

現在、西欧で確認されている最古のデフォルト（債務不履行）は紀元前三七七年のギリシャで、それ以来現在までに多くの国がデフォルトしている。貨幣価値の信認低下による極端なインフレを事実上のデフォルトと定義すれば、あの古代ローマ帝国でさえもデフォルトの悪夢からは逃れられなかった。

なぜローマ帝国が滅んだかについては諸説あるが、様々な意見を集約すると、次の三つの理由で滅んだと考えられる。一つめは、ゲルマン民族の侵入に対応するための軍備増強（主に兵士増）に起因した「歳出増」、二つめは気候トレンドの温暖化から寒冷化へのシフトによって起こった作物の不作、すなわち「歳入減」、三つめは追い込まれた上での「貨幣の改悪」（銀含有量減）だ。滅亡期のローマ帝国は、激しいスタグフレーション（不況下のインフレ）に見舞われていたという記録が残っている。

この「歳出増」「歳入減」「貨幣の改悪」というトレンドは、時代が変わった現在でも生じており、「社会保障費の増大」（歳出増）、「低成長の常態化」（歳入減）、「金融緩和＝紙幣の増刷」（貨幣の改悪）というトレンドに苦しんでいる先進国がほとんどだ。こうした状態で新たな金融危機という追い打ちに遭えば、銀行や企業を救済するために財政が完全にパンクしてしまう国が続出するかもしれない。

頑なに「日本政府は破綻しない」と信じる向きもあるが、それは歴史を顧みない無知ゆえのことである。巷でよく囁かれている「自国通貨建ての債務は不履行にならない」という言説も、破綻の定義をデフォルト（債務不履行）のみに限定し、インフレの猛威を「破綻ではない」と都合よく言い換えている。

第六章で解説したように、国家破産の症状には広義で三つの種類がある。一つは「踏み倒し」（徳政令）、二つ目は「大増税」（徴税権の駆使）、三つ目が「インフレ税」（紙幣の増発）だ。過去を参考にすれば、為政者の財布がパンクした場合、この三つの事態が同時進行的に起こることがほとんどだ。それは、日本のような対内債務国でも例外ではない。

自国内の借金でも国家破産は起きる

先ほど「自国通貨建ての債務は不履行にならない」という言説に触れたが、理論上は確かにそうだ。しかし、これはあまりに乱暴な屁理屈でしかない。というのも、過去八〇〇年に起きた金融危機のデータベースとされる『This time is different（今回は違う）』（邦訳版『国家は破綻する　金融危機の８００年』カーメン・M・ラインハート、ケネス・S・ロゴフ著　日経BP社刊）には、過去に多くの対内債務国がデフォルトを経験してきたと記されている。

その件を紹介する前に、「公的債務」の種類について述べておきたい。一緒くたに「公的債務」と言っても国ごとにその性質に差があり、大雑把に三種類に分けられる。一つは米国型の「自国通貨（基軸通貨）建ての対外債務」、二つ目は日本型の「自国通貨建ての対内債務」、三つ目がユーロ圏などの「外貨（主に基軸通貨および共通通貨）建ての対外債務」だ。

この三種類の中で最もデフォルトの許容限度が低い（財政破綻が起きやすい）とされているのが、外貨建ての対外債務である。一九九〇年代から幾度となくデフォルトを経験しているアルゼンチン、そしてブラジル、ユーロ圏の債務危機でリスケジュール（債務の繰り延べ）を迫られたギリシャやキプロスがこのタイプだ。

新興国の場合は、自国通貨の信用性が先進国に比べて相対的に低いため、貸し手は外貨（主に米ドル）での融資に限定する。すなわち、対外債務国は対外債務に対して為替リスクを負う。返済能力に疑問符が付き、外国為替市場で自国通貨が売られれば、ドル建ての債務は雪だるま式に膨らんでしまうというわけだ。それを防ごうと利上げをすると、実体経済に強烈な逆風が吹く。こうした悪循環にはまってしまい、デフォルトに追い込まれるケースが新興国で後を絶たない。直近では、アフリカの南に位置するジンバブエや南米のベネズエラで起きた。ちなみにこの二ヵ国では、外国からの借り入れを停止した後、財政赤字を自国紙幣の増刷で賄おうとしたためハイパーインフレに見舞われている。

ギリシャやキプロスの場合は、共通通貨であるため為替リスクを負わないものの、外国からの借り入れという点では同じだ。為替リスクの有無に関わらず、貸し手が他国の場合は信用が低下し始めると貸し手がすぐに「返済を迫る」ことや、借り手側も完全に力を失う前に交渉でデフォルトなり返済繰り延べなどを協議した方が良いと判断することが多い。それゆえ危機が表面化しやすい。

一方、日本のような自国通貨建ての対内債務は危機が表面化しにくいと言われている。ちなみになぜ日本が対内債務国かというと、それは日本の国際収支が黒字のためだ。これはすなわち、日本全体で必要な資金を基本的には国内で賄うことができている状態を指す。しかも、日本人が政府にお金を貸すことをいとわないため、日本政府は海外からの借り入れに依存する必要がない。円建てで国内から借り入れができている。

対内債務の強みは、為替リスクを負わないことと究極の場合は紙幣を刷って返済に充てることができるということだ。もちろん、その際は往々にしてインフレという副作用を伴うが、確かに自国通貨建ての債務が厳密な意味での不履行を起こさないというのは正しい。とはいえ、前述したように『国家は破綻する』には過去に多くの対内債務国がデフォルトを経験してきたと記されている。私たちにとって非常に重要なことなので引用したい。

公的国内債務のデフォルトとスケジューリング（債務繰延）を過去一世紀以上にわたって調べ上げたが、これもおそらく研究史上初めての試みである（国内債務そのものの歴史が無視されてきたため、当然ながらその不履行も研究対象とされていなかった）。国内債務のデフォルトは対外債務に比べれば稀だと考えられており、経済書などには、政府は国債を額面通り必ず償還してきたようなことが書かれている。しかし実際には、そう断言するのはいかがと思われるほどデフォルトが発生していた。国内債務が公然とデフォルトされる時は、対外債務だけをデフォルトする場合に比べ、生産高の急激な落ち込みやインフ

レの加速など、経済事情がきわめて悪化しているケースが多い。
（『国家は破綻する』カーメン・M・ラインハート、
ケネス・S・ロゴフ著　日経BP社刊）

対内債務国のデフォルトは、一八〇〇年以降では少なくとも七〇件以上は起きているると記されているが、著者によるとこれらの数字はかなり控えめだという。その理由は、対内債務の場合は当該政府が信用維持のため国外に対して積極的に情報提供をしないことが往々にして起こるため、世界的に広く知れ渡ることがなく、歴史として記録されていないケースが数多く存在するからだとした。

ところで、「なぜ、紙幣の増刷で返済ができる対内債務国でデフォルトが起こるのか？」という素朴な疑問がわく。『国家は破綻する』によると、実際に一八八八～八九年のイギリス、一九九八～二〇〇〇年のウクライナで、対内債務のデフォルトに伴って「表面利率の低い債券への強制転換」や「国債の償還日を一方的に延期する」などといった措置が実施されている。

これに関して同書は、インフレが特に銀行システムと金融部門に歪みを生じさせる可能性があるため、たとえインフレといった選択肢があったとしても、償還拒絶の方がコストが小さいと政府が判断することがあるためだとした。

このように、「対内債務国だから不履行はない」という言説は、たとえ理論的に主張できたとしても歴史的な観点からはあくまでも屁理屈にすぎない。インフレの社会的コストがあまりにも大きくなると為政者が判断した場合は、結局のところ借金の踏み倒しに動くのだろう。

また、同書には対内債務に関してさらなる興味深い事実も掲載されている。デフォルト前後のインフレ率について、対内債務と対外債務の場合ではどのような差が生じるかという比較を行なっているのだが、対外債務のデフォルトが発生した年の平均のインフレ率は三三%であるのに対し、対内債務のデフォルトが発生した年の平均のインフレ率は、なんと一七〇%に達しているというのだ。しかも対内債務の場合は、デフォルト後も数年にわたってインフレ率が一〇〇%以上に高止まりしている。その理由は、前に述べたように「インフレを

日本の政府債務残高の対GDP比

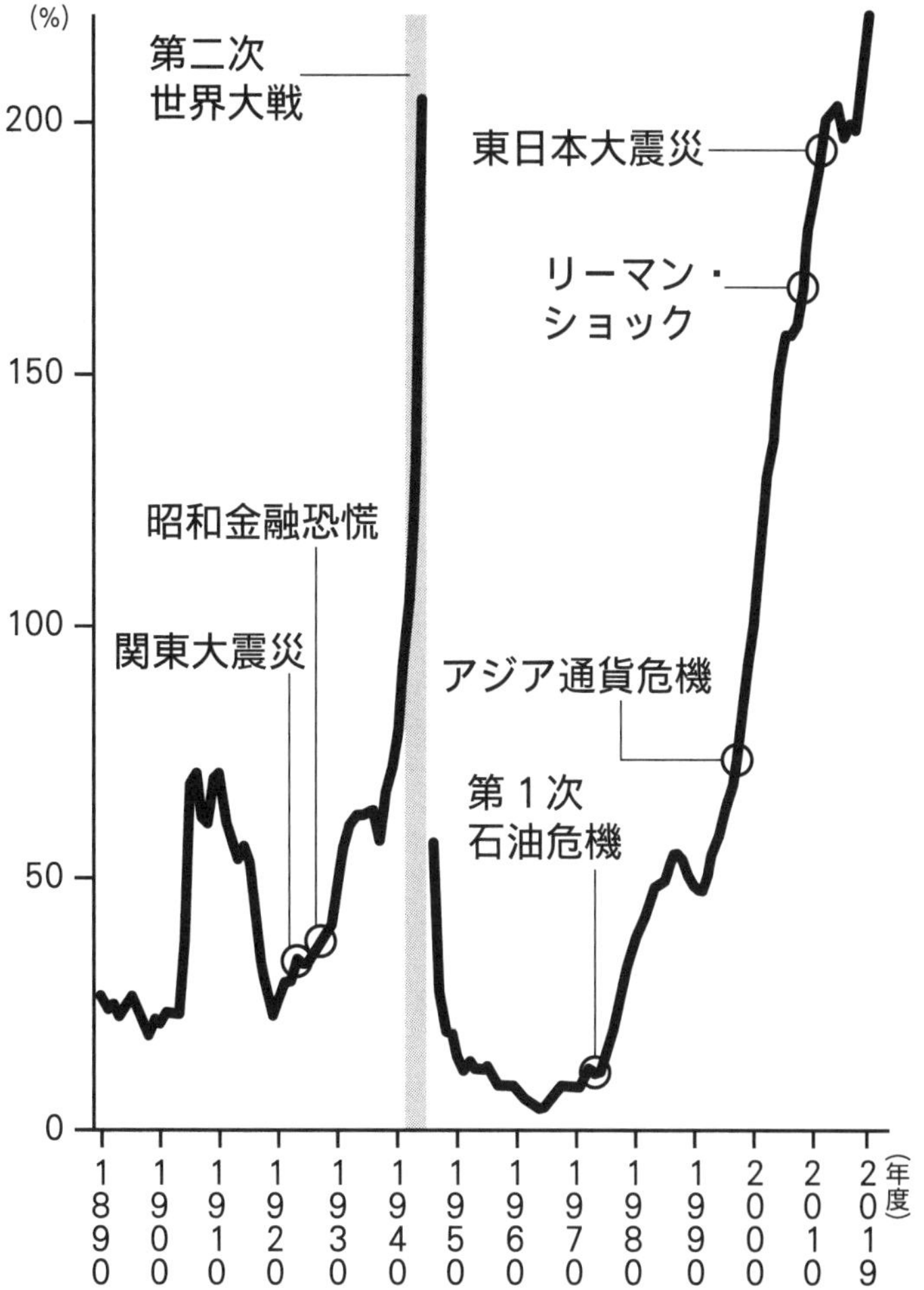

※1954年度までは国民総生産(ＧＮＰ)比
財務省のデータを基に作成

通じたデフォルトと通常のデフォルト（すなわち、より公然の資産収奪）がデフォルトの前・中・後を通して歩調をそろえて起きている」（同前）からだとした。ただし、公然の対内債務デフォルトは「マクロ経済状況がよほど悪化した時に限って発生する傾向がある」と付け加えている。

ここまでの話をまとめると、対内債務国は真っ先にインフレ税を選択することがほとんどだが、インフレの社会コストが大きくなりすぎると今度は借金の棒引きに走る、ということだ。それゆえ、ここ日本で真っ先に警戒すべきは「インフレ税」と言える。日本の政府債務残高は対ＧＤＰ比で二〇〇％を突破しており、太平洋戦争の末期と同水準だ。

仮に新たな金融危機が起きても、財政出動で金融機関を救う余力はほとんど残されていない。無理矢理にでも救おうとすれば、それは日銀と連携した極めて財政ファイナンスに近い措置となるだろう。そして「財政非常事態」との理由で導入された財政ファイナンスが、結局は恒久的な措置になると予測できる。これは中長期的に円安を招き、悪性インフレを誘発する。

こうした事態を、専門用語で「金融抑圧」と呼ぶ。第六章でも述べたが、この金融抑圧とは第二次世界大戦後のイギリス政府が著しく膨れ上がった公的債務を圧縮するために採用した手段で、簡単に言うと「投資家が好ましくない金利、つまり現行のインフレの水準を下回る金利で債券を購入せざるを得ないと感じる状況を政府が作り出し、国の債務を減らす助けをする」（英フィナンシャル・タイムズ二〇一二年五月一一日付）ことだ。

たとえば、名目金利が二％でインフレ率が一〇％の時の実質金利はマイナス八％となるが、このような条件で国債を買った投資家はマイナスの金利分を政府に支払うことになる。このように、民間経済が長期間にわたる大幅なマイナス金利を甘受できれば、政府債務の劇的な圧縮が可能だ。現代の日本ではこれが限りなく財政ファイナンス（中央銀行による国債の直接引き受け）に近い形で実施されるだろう。

第二次世界大戦の戦費調達によって政府債務が国内総生産（ＧＤＰ）の二倍以上にまで膨れ上がったイギリス政府は、一九四五年からおよそ三〇年間も金融抑圧を実施して「インフレによる債務の帳消し」を成功させた。金融抑圧は消費税などとは違って国民のコンセンサスを必要としない。そのため、これは「インフレ・タックス」（インフレ税）と呼ばれている。当然、インフレ・タックスは債務を抱える政府には有利に働く。しかし、国民の生活はとてつもなく困窮する。実際、イギリスでは三〇年間にわたり金融抑圧が実施された結果、国民経済は「英国病」と言われる長期停滞に陥った。

『国家は破綻する』の共同著者であるカーメン・M・ラインハート米ハーバード大学教授の研究によると、一九四五年からの三五年間でイギリス政府が民間に課したインフレ・タックス（実質マイナス金利による税）の年間平均は対GDP比で三・八％という規模に達している。これを、現在の日本経済に当てはめるとどうなるか？　国民の預金などに対して年間平均で一五兆〜二〇兆円にもおよぶ税が三五年間にわたって課され続けることとなる。毎年、七〜一〇％の消費税増税が実施されるようなものだ。まさに、過酷極まる重税と言ってよい。そして、現在の日本も着実に金融抑圧の方向へと舵を切っている。

金融抑圧には、重大な問題点がある。それは、金融抑圧が統制された経済の下で初めて成功するということだ。言い換えると、資本の移動が制限されていない現代においては、「キャピタル・フライト」（資本逃避）が起きてしまう。

キャピタル・フライトは、自国通貨安と同義であり深刻化するとインフレが政府の想定以上に進んでしまうばかりか人材と生産の移転が起こり、政治的に許容できない（ハイパーインフレと社会の崩壊を望んでいれば別だが）。そのため、金融抑圧には資本規制が必要となる。

次に警戒すべきは「資本規制」

「資本規制」とは、平時や危機を問わず自国内の金融機関から急激な資本の流出を阻止するための制限（措置）のことだ。具体的には、「銀行休業」（バンク・ホリデー）、「銀行からの引き出し制限」「海外への持ち出し制限」（海外送金規制）、そして「外国人投資家による国内へのアクセスを制限」するといったものが代表的な手法として挙げられる。このうち、金融抑圧に必要なのは「海外への持ち出し制限」（海外送金規制）だ。

ちなみに、長年にわたって緩やかな金融抑圧を実施してきた中国（中国の金融抑圧は人民の預金に実質マイナス利回りを課すというもの。ただし中国の金融抑圧は政府債務の圧縮を目的としたものではなく、人為的な低金利によって投資を促し成長を高めようというもの）では常に資本規制がかかっており、中国人は一年に三万ドルまでしか海外に持ち出せない。

この日本でまさかと思われるかもしれないが、金融抑圧が強化された場合、過度な円安を防ぐために資本規制が導入される可能性は十分にある。戦後の日本でも長期にわたり資本規制が課されていたが、この目的は前述した中国と同じで民間部門の資本の蓄積を目的としていた。

しかし、現代の日本は高度成長期のそれとは姿が完全に異なっており、政府債務の圧縮を目的とした戦後の英国型の金融抑圧となる。極めて長い期間、インフレ税に悩まされるという最悪のケースだ。学者によっては金融抑圧による政府債務の圧縮が、ソフトランディング（軟着陸）な解決法だと指摘する向きもあるが、日本の場合は決してそうは行かないだろう。戦後のイギリスのように最終的には自律的な回復に転じることができればよいが、日本では高齢化が足かせとなり、緩やかなインフレであっても深刻な社会問題となるはずだ。高齢化した社会でのインフレは、おそらく地獄である。

そもそも、ハードランディング（硬着陸）となる可能性だって低くない。この場合の硬着陸とは、緩やかなインフレが長期間というシナリオではなく、ハイパーインフレといった強烈な痛みを伴うシナリオだ。こうなると、資本規制とセットで政府債務のデフォルトが起こる恐れが強まる。

ここでクイズだが、以下に記された年代と国である共通の出来事が起きたのだが、それは一体何か？

①一九三三年のアメリカ、②一九四六年の日本、③一九九〇年のブラジル、④二〇〇一年のアルゼンチン、⑤二〇一三年のキプロス――。

答えは「バンク・ホリデー」で、和訳すると「預金封鎖」となる。すぐに回答できたという方は、過去にも私の書籍を読んでいるに違いない。ちなみにこの五回のうち、アメリカのケースを除くすべての預金封鎖が徳政令とセットで実施されている。しかも日本、ブラジル、アルゼンチンのケースでは、猛烈なインフレをも伴っていた。

第六章でも述べたが、日本の場合はインフレが猛威を振るっていた一九四六年に「預金封鎖」で国民の資産が差し押さえられ、「新円切換」によってタンス預金がすべてあぶり出され、「財産税」で根こそぎ持って行かれたのである。

現時点でどういう展開になるかを正確に予測するのは不可能だが、これだけは覚えておいてほしい。それは、「永遠に増やせる借金はなく、財布がパンクした為政者は、徴税の強化や借金の踏み倒しに動く。その際、国民には大きな打撃が加えられる。これらすべてを歴史が証明している」ということだ。

私の予想では、「インフレ税」と「資本規制」（特に海外への送金規制）は間違いなく実施されることだろう。

第九章

秘策登場

——一億円作るためにはどうしたらよいのか

あきらめるのはまだ早い。あと一〇年で一億円作る

この世の中のすべてではないが、大抵のものには必ず解決策、あるいは対抗策がある。今回のテーマについても、あなたがあきらめる必要はない。一〇年かければ一億円（これは二〇二〇年の価値における一億円だ）を作ることは大抵の人には可能だ。ただし、そのためには特別な手立てが必要だ。その「秘策」をこれから手短かに、しかもわかりやすくお教えしよう。

まず、単純に二つのケースに分けることにしよう。

最初に「ケースA」だが、一般的サラリーマンのケースで夫婦共稼ぎで退職までに二人で頑張って一〇〇〇万円貯め、さらに退職金が二人の合計で二〇〇〇万円、締めて元手が三〇〇〇万円というものだ。このくらいタネ銭があると、大変やりやすい。四つのものに分散して投資・運用する。

その四つの中身とは、①金《きん》（ゴールド）、②ダイヤ、③海外ファンド、④海外

口座の預金だ。

まず金《きん》だが、これは金《きん》の現物のことで一〇〇グラムのバーが売却時に売りやすいので良いだろう。次にダイヤだが、なぜダイヤをお勧めするかというと、金《きん》はスプレッド（その時の売り値と買い値の差額のこと。これが大きいと買ってすぐ売る時損をする）が小さいので資産保全にはうってつけなのだが、国家破産時あるいは恐慌時に金《きん》は没収の対象となるので、国家に持って行かれる可能性があるという重大な問題点を持っている。

その点ダイヤは、スプレッドが大きい反面、没収の対象にはなりにくいので安全性は高い。ただし、一般の小売り（デパートなど）で買うと原価の三〜四倍となるので、なるべく安く買うルートを見つけることだ。しかも、ＧＩＡ（米国宝石協会）の鑑定書付でないとダメだ。ダイヤを原価に近い値段で買う方法については、巻末二七四ページに説明してあるので参考にしてほしい。

次に、いよいよ注目の③「海外ファンド」についてお話ししよう。これをどう活用するかが、あなたの運命を決めることになる。

国家破産対策の肝は「海外ファンド」

ここに三つの特殊なファンドをご紹介することにしよう。一つ目は「ATファンド」(ここではそのファンドの正式名の頭文字を取って「ATファンド」と書いておく)。これは、アフリカやオーストラリアなどの消費者金融に資金を貸して利回りを稼ぐ地道なファンドで、年率利回り約六%というものだ。

この「ATファンド」は、銀行の代わりを行なうファンドで、市場にお金を入れるわけではないので、大きな相場変動が起きた時に直接の影響がない。そのため、二〇〇九年の運用スタートから月ベースでただの一度もマイナスになったことがない。この間に二〇二〇年春のコロナショックで市場が大きく動揺した時があったにも関わらずである。その上で、ゼロ金利、あるいはマイナス金利という時代に六%が安定的に稼げるのであれば御の字だ。

だから、この「ATファンド」を海外ファンドへの投資分のメインとして考えるのが良いだろう。そして、残り二つのファンドを組み合わせて収益力アップを期待するのである。

次のファンドは「EWファンド」と呼ばれるもので、「ATファンド」が市場ではなく直接消費者金融の業者にお金を貸して利益を出しているのとは違い、毎日変動する市場に投資して利益を取るヘッジファンドといわれるものだ。しかも、通常のヘッジファンドが取引対象とする株式や債券、通貨などではなく、少し変わった市場に投資を行なっているのが「EWファンド」の面白味である。

その取引対象は、アメリカの株式市場のブレ幅である。そのブレ幅に投資を行なうことで、アメリカの株式市場が大きく動いた時、また相場がほとんど動かない時のどちらも収益機会にすることができるのだが、「EWファンド」はほとんど動かない相場や大きく動いた後に落ち着いてくる相場で収益を出そうとする。そして、反対に瞬間的に市場が大きく動く時には決まって大きなマイナスを出す。だからコロナショックが影響した二〇二〇年三月は、わずか一ヵ月で一五・一七%ものマイナスを出した。

ただ、その後市場が落ち着く中で二〇二〇年九月までで、すでに年初来ではプラスに転じている。また市場があまり動かなかった二〇一九年は、一年間で一九・七五％と魅力的な収益を出しているのである。このような特徴を持つ投資先は珍しく、資産運用の選択肢が増えると言える。

最後、三つ目に登場するのは「ＱＥファンド」というハイリスク・ハイリターン狙いのファンドである。通常、ヘッジファンドはどれだけ安定的に収益を出すことができるかを追求する。ところが、この「ＱＥファンド」は発想が逆で、大きな収益を狙うために大きく乱高下する動きを許容するのである。その許容する動きは数値化されており、年率リスクが常に三〇％を超えるように設計されているのだ。

年率リスク三〇％という動きは、国内大手企業の個別株の動きよりも上下が大きいことを意味する。非常にユニークな考えを持っているファンドだ。だから、年間の収益は二〇一六年＋二三・八四％、二〇一七年＋三三・八二％、二〇一八年▲三一・五七％、二〇一九年＋六四・二八％、二〇二〇年（八月末まで）▲一〇・二二％と上下に大きなバラツキがある。

そしてこの「QEファンド」には、もう一つ大きな特徴がある。それは、投資を〝買い〟の方向からスタートさせることだ。「QEファンド」の取引対象は、株式、債券、通貨、商品など多岐に渡るが、それらをすべて上昇方向にかけるのである。その理由はシンプルで、世界は俯瞰してみるとインフレ傾向で拡大を続けるため、長期で見た時にどの相場もどんどん上昇して行くという考え方をしているのだ。確かに、言われてみればもっともである。

今回は三つの海外ファンドを例として紹介したが、他にも日本には決してない運用方法などが海外ファンドには散見される。そういったものを上手く見つけてきて活用することで他の人より抜きん出ることができ、結果あなたの資産を大きく殖やし豊かな老後を過ごすことができるようになるのは間違いないだろう。もちろん、資産配分としては「ATファンド」のようなしっかり殖えることが期待できるものをメインにしながら組み立てていくのが良いだろう。

海外ファンドの次は海外銀行口座だが、これは極めてわかりやすい。要は安全な海外の銀行に自分名義の口座を作っておき、そこにある程度のお金を外貨で蓄えておき、将来の国家破産時における徳政令（国内の預金封鎖）やハイパーインフレに備えるというものだ。これが「ケースA」の全貌である。

時間があり、リスクが取れる人向けの方法

次に「ケースB」を見てみよう。これは、資金が「ケースA」ほど多くないという方向けのノウハウである。たとえば、まだ四〇歳で資金（タネ銭）はあまりないが、退職までかなり時間があるのでリスクを取れるという方向きの〝極めつき〟の方法と言ってよい。

では、その方法とは何か。それこそ、「ネットによる日経平均オプションの取引」である。少し詳しく解説しよう。まず、「日経平均」は皆さんご存じだろう。日本経済新聞社が選ぶ株式二二五銘柄で構成されたもので、日本株と言えば暗にこれのことを指す。国内外を問わず多くの投資家が個別株を投資する際の目

安にしたり、それ自体に投資を行なったりする。

さて、ここで日経平均を取引するとはどういったことだろうか。これにはいくつかの方法があるが、代表的な方法は、「現物をすべて買う方法」と「日経平均先物を利用する方法」の二つの方法だ。現物をすべて買うというのは、その名の通り構成されている二二五銘柄を丸ごと全部買うのである。

もちろんそのまま買うのではなく、日経平均は多少調整されているので、それを考慮して買う必要がある。これには莫大な資金を必要とする。

そこで生まれたのが、もう一つの「日経平均先物」である。先物とは将来の約束をすることである。「今ある値段で将来買います」という約束だ。ただ、この約束は必ず守られる必要がある。だから「契約」と言い直してもよい。

たとえば今、日経平均が二万四〇〇〇円だったとして、この値段で将来買うという約束をする。その後、日経平均が上昇して二万五〇〇〇円になったらその人は二万四〇〇〇円で買うことができるわけだから、二万四〇〇〇円で買って二万五〇〇〇円で売ることができ一〇〇〇円儲かる。

逆に、二万三〇〇〇円まで下がったらどうか。約束は絶対だから、その時日経平均が二万三〇〇〇円でもその人は二万四〇〇〇円で買わなければいけない。二万四〇〇〇円で買って二万三〇〇〇円で売るわけだから一〇〇〇円損をする。損が出るからと言って、ずっと持つことはできない。将来は、未来永劫というわけではなく期限が決まっている。どの期限のものを買うのかは、取引の最初に決める。

ここからの説明は、初めての方は混乱されるかもしれないが、重要なところなので真剣に聞いてほしい。先物は将来の約束なので、〝買い〟を行なうのと同様に〝売り〟から取引をスタートさせることができる。将来、二万四〇〇〇円で日経平均を〝売る〟という約束をするわけだ。その場合、先ほどの話が逆になる。日経平均が二万五〇〇〇円になると、その値段で買って二万四〇〇〇円で売る必要があり一〇〇〇円損する。相場が下がって二万三〇〇〇円になれば、その値段で買って二万四〇〇〇円で売るので一〇〇〇円の収益が出る。

このように、先物は買いも売りもできることから、相場が上に行く時も下に行く時も収益機会にできる。これが、先物取引の一番の特徴だ。

この日経平均先物の取引単位は、「一〇〇〇倍が一枚」と決まっている。だから日経平均先物を一枚買ったら、それは二万四〇〇〇円×一〇〇〇で二四〇〇万円の取引を行なっていることになる。その場合、日経平均が一〇〇〇円上がれば一〇〇万円の収益、一〇〇〇円下がれば一〇〇万円の損失となる。

このような取引を、何の担保もなしに行なうことはできない。この取引であれば、現在は約七〇万円の手付金が必要となり、それを「証拠金」と呼ぶ。

この日経平均先物には、これよりも少額で行なう「ミニ日経平均先物」がある。これは、先ほどの一〇〇〇倍ではなく単位が一〇〇倍と一〇分の一になっている。証拠金も同じく一〇分の一で、約七万円である。

リスクの大きい先物からさらに派生した「日経平均オプション」

ここで話は終わらない。この日経平均先物を、さらに進化させたものがある。

それこそが「日経平均オプション」である。

先ほどの日経平均先物は〝買い〟も〝売り〟もでき、素晴らしく便利な道具であるが、実はある致命的な欠陥を抱えている。それは、「致命的な損失を出すことがある」のだ。機関投資家のようなプロは、そのあたりがわかっているから上手くリスクヘッジを行ないながら先物を使う。しかし、個人の一般的な素人が損失限定をしながら先物に取り組むのは、かなり難易度が高い。

だから、個人が先物取引を行なうことはまったくおすすめしない。そして、その先物取引の致命的な欠陥を補い、損失限定がきちんとできる取引が「日経平均オプション取引」なのである。

日経平均オプション取引では、先ほどの先物取引で見たように相場が上に行った時でも相場が下に行った時でも収益を出すことができる。しかも「あらかじめ投資額以上の損が出ないように損失限定をした上で」である。それがコールとプットの〝買い〟というものだ。コールは〝買う権利〟で、それを〝買う〟ことで相場が上昇した時に収益を出すことを狙う。プットは〝売る権利〟

「ケースA」と「ケースB」

〈ケースA〉

元手　3000万円

↓

金	200万円
ダイヤ	100万円
海外ファンド	2600万円
海外口座	100万円

〈ケースB〉

ネットによる日経平均オプションの取引

で、それを同じく〝買う〟ことで相場が下落した時に収益を出すことを狙う。日経平均オプションでは、さらに複雑なコールまたはプットの〝売り〟という取引もあるが、それは先ほどの先物取引で紹介した「致命的な損失」を出すことがある取引に該当するので、やはりまったくお勧めしない。

日経平均オプション取引には、先物取引のような期限がある。それを「SQ日」と呼ぶ。最も単純に日経平均オプション取引を説明すると、そのSQ日と呼ばれる期限の日に日経平均がどうなっているのかを今の時点で予想して取引するのである。そして、上がると予想するのであればコールを買い、下がると思えばプットを買う。実際に取引するにはもっといろいろ勉強する必要があるが、それはやりながら慣れて行くのがよいだろう。

なにせ、コールの買いそしてプットの買いは、最初に払った分しか損が出ないといった具合に損失が限定された取引だし、しかも一番低い金額であれば「一円」で売られているものもある。単位は一〇〇〇倍で一枚と決められているので、一円×一〇〇〇、そして二〇〇円程度の手数料の一二〇〇円程度で始めることができるのだ。

先ほどの日経平均先物の証拠金約七〇万円、ミニ日経平均先物の証拠金七万円と比べても破格に低く、驚くほどハードルが低い。おそらく投資の世界で、最も小さい金額で始められる取引ではないだろうか。それでいて、ここが日経平均オプション取引をお勧めする上で一番重要な点であるが、おそらく最も投資効率の良い取引なのである。

「日経平均オプション取引」の効率の良さ

では、どれくらいの投資効率かを見る前に先にお伝えすると、コールの買いまたはプットの買いを行なうやり方の場合、相場が大きく動いた時に大きな収益を得ることを期待する。

さて、これまで相場が大きく動いた局面はいつだろうか。これまで相場の世界で幾度となく大暴落また大暴騰を経験してきたが、最も印象に残っているのは二〇〇八年の金融危機ではないだろうか。

では、その時に日経平均オプションは最大でどれくらいの投資結果を出したのだろうか。二倍だろうか三倍だろうか。あるいは一〇倍だろうか。実はそんなレベルではない。先ほど一二〇〇円程度で始めることができるとお伝えしたが、二〇〇八年九月初旬にプットのある銘柄を一円で買っていた場合、その約一ヵ月後の一〇月一〇日には、なんと「一二五七倍」になったのである。一二〇〇円が一二五万七〇〇〇円になったのである。

ここで、こんなにもすさまじい倍率が今後も出るのかという疑問がわくかもしれない。確かに二〇〇八年は、「一〇〇年に一度」と言われるような出来事だった。だから、そのような出来事はそうはない。

しかし、考えてみてほしい。これまで何度か触れている通り、日本が切羽詰まり一ドル＝二〇〇円や三〇〇円、さらには一〇〇〇円となるような事態になれば、二〇〇八年に匹敵する状態と言えるのではないか。二〇〇八年は、リーマン・ブラザーズをはじめとした企業の問題、今度は日本国をはじめとした国の問題。どちらの規模が大きいかは明らかだろう。

しかも、日経平均オプション取引が真価を発揮するのは、このような大暴落だけではない。中規模の動きでも十分収益機会になったりするのだ。二〇一八年は二月の「ＶＩＸショック」と「一〇月の株の下落」と二つの動きがあった。その時それぞれ、二〇一八年二月は一〇〇倍以上、一〇月は五〇倍以上の収益機会が存在したのである。

そして直近では、今年三月のコロナショックでは最大で九四七倍という、リーマン・ショックにも匹敵する倍率が出たのだ。意外と身近に収益機会は存在するのだ。

感覚として、二倍、三倍は当たり前の日常でも週一、二回ほど起き、一〇倍が数ヵ月のうちに一、二回ほど、一〇〇倍が一～二年の間に一回ほどあったりする。普段はそのような収益機会を狙いながら、国家破産などの大きな変動時にはものすごい収益を狙うわけだ。

この方法を身に付けることができれば、老後いくらお金が必要と言われてもまったく恐れることはないだろう。

取引するための環境を整える

日経平均オプションを行なう上で、必須なものがある。それは、「ネット証券会社の口座」である。日経平均オプション取引は一九八九年六月に大阪取引所に上場されたもので、昔は確かに電話注文だった。

ただし、時代は変わり、今では電話注文を受けていない証券会社がほとんどである。すべて、インターネットを使った取引が原則になっている。

もし、インターネットはやったことがなく、それによって取引をあきらめるのであれば、残念ながら今後生き残ることはかなり難しくなる。今まではインターネットができることが有利になっていたが、これからはインターネットができないことは致命的に不利に働く世界になる。これは、皆さんうすうす感じていることだろう。

しかし、安心してほしい。かくいう私もオプション取引のためにインターネット取引を覚えたので、要は慣れの問題なのである。インターネットを活用できるかどうか、日経平均オプション取引を活用できるかどうか。それによって老後を豊かにできるかどうかがかかっているのだから、ぜひ挑戦してみてほしい。

——これが「ケースB」の全貌である。このオプション取引のやり方を教えるコースがある。詳しくは巻末二六九ページをご覧いただきたい。

というわけで、あなたはまったく絶望する必要はない。手は、必ずあるのだ。あとは、あなたが実行するかどうかだ。あなたが一〇年後に幸せな老後を掴んでいることを祈って、本文を終える。

エピローグ

いよいよツケが回ってきたこの国で生き残るために

本書を読まれて、読者の皆さんはどう思われたことだろう。民主主義発祥の地とされる古代ギリシャにおいて、かの有名な哲学者たちは様々なダイアローグ（対話）の末にある結論に到達した。それこそ、「今、我々が行なっている民主主義は、実は理想の政治システムではない。もっと素晴らしいやり方があるのだが、それをやることが難しいので仕方なく民主主義をやっているのだ」と。

では、そのやりたくてもできない理想の政治システムとは何か。それこそ、「哲人政治」というものだ。この哲人とは知能も高く、超人的な徳も併わせ持つ理想の人格者（トランプとはまったく逆のタイプの人間）で、彼に独裁政治を実行させるというのだ。しかし、そんな人物はなかなかいないので仕方なく民主主義をやっているというのだ。

ではなぜ、民主主義は理想の政治システムではないのか。実はそのことをギリシャの賢人たちはよくわかっていた。民主主義はともすると、衆愚政治に変質し国を亡ぼすからだ。つまり、衆愚政治とは愚かな大衆が愚かな政治家を選挙で選び、バラ撒きを要求するというものだ。

皆さんは、「あっ」と気付かれたことだろう。これこそ、今の日本そのものではないか。その揚げ句、借金の山と老人だけが残ったということだ。

しかし、これは政治家が悪いのではなく、そういう政治家を選び続け、放置した国民自身が悪いのだ。昔から自業自得というが、そのツケがいよいよ回ってくる時期となったというわけだ。

「年金ゼロ」というのは、実はありえる話なのだ。国が破産してハイパーインフレがやってくれば、年金は実質的にゼロに等しい価値となってしまう。

しかし、生き残る方策がないわけではない。知恵を働かせて世の中をよく見ればサバイバルは十分に可能だ。そのためのヒントが本書となれば幸いである。

二〇三〇年に皆さんが豊かな老後を送っていることを祈ってペンを置きたい。

二〇二〇年一〇月吉日

浅井　隆

■今後、『新・日本列島改造論』『ワイフ・ロボット』『国内投信だけで、老後資金を2倍にする!』(すべて仮題)を順次出版予定です。ご期待下さい。

浅井隆からの重要なお知らせ

——恐慌および国家破産を勝ち残るための具体的ノウハウ

厳しい時代を賢く生き残るために必要な情報収集手段

私が以前から警告していた通り、今や世界は歴史上最大最悪の二京七〇〇〇兆円という額の借金を抱え、それが新型コロナウイルスをきっかけとして二、三年以内に大逆回転しそうな情勢です。中でも日本国政府の借金は先進国中最悪で、この国はいつ破産してもおかしくない状況です。そんな中、あなたと家族の生活を守るためには、二つの情報収集が欠かせません。

一つは「国内外の経済情勢」に関する情報収集、もう一つは国家破産対策としての「海外ファンド」や「海外の銀行口座」に関する情報収集です。これらについては、新聞やテレビなどのメディアやインターネットでの情報収集だけでは十分とは言えません。私はかつて新聞社に勤務し、以前はテレビに出演をしたこともありますが、その経験から言えることは「新聞は参考情報。テレビはあくまでショー（エンターテインメント）」だということです。インターネットも含め、誰もが簡単に入手できる情報でこれからの激動の時代を生き残って行くことはできません。

皆さんにとって、最も大切なこの二つの情報収集には、第二海援隊グループ（代表：浅井隆）が提供する特殊な情報と具体的なノウハウをぜひご活用下さい。

◆〝恐慌および国家破産対策〟の入口
「経済トレンドレポート」

電子版も好評配信中！

皆さんに特にお勧めしたいのが、浅井隆が取材した特殊な情報をいち早くお届けする「経済トレンドレポート」です。今まで、数多くの経済予測を的中させてきました（例：二〇一九年七月一〇日号「恐慌警報第1弾！ 次にやってくる危機は、リーマン・ショック以上の大災害の可能性」、二〇二〇年二月二〇日号「恐慌警報第8弾！ やはり2020年はとんでもない年になる!?」）。

そうした特別な経済情報を年三三回（一〇日に一回）発行のレポートでお届けします。初心者や経済情報に慣れていない方にも読みやすい内容で、新聞やインターネットに先立つ情報や、大手マスコミとは異なる切り口からまとめた情報を掲載しています。

さらにその中で、恐慌、国家破産に関する『特別緊急警告』『恐慌警報』『国家破産警報』も流しております。「激動の二一世紀を生き残るために対策をしなければならないことは理解したが、何から手を付ければよいかわからない」「経済情報をタイムリーに得たいが、難しい内容にはついて行けない」という方は、最低でもこの経済トレンドレポートをご購読下さい。年間、約三万円で生き残るための情報を得られます。また、経済トレンドレポートの会員になられますと、当社主催の講演会など様々な割引・特典を受けられます。

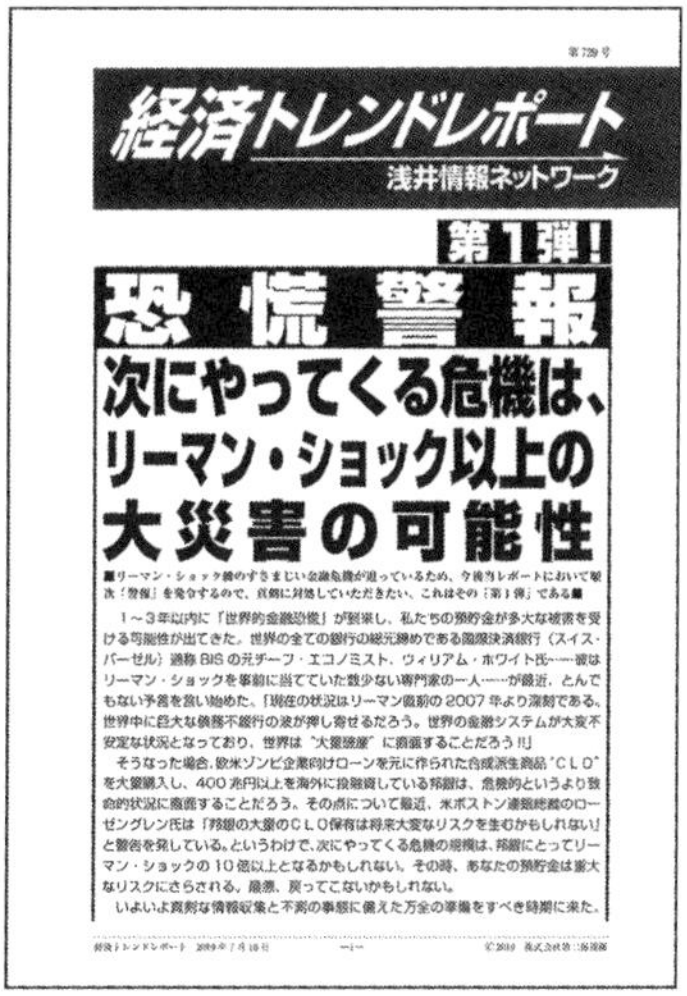
経済トレンドレポート
浅井情報ネットワーク

第1弾！

恐慌警報

次にやってくる危機は、リーマン・ショック以上の大災害の可能性

■リーマン・ショック級のすさまじい金融危機が迫っているため、今後当レポートにおいて順次「警報」を発令するので、真剣に対処していただきたい、これはその「第1弾」である■

1～3年以内に「世界的金融恐慌」が到来し、私たちの預貯金が多大な被害を受ける可能性が出てきた。世界の全ての銀行の総元締めである国際決済銀行（スイス・バーゼル）通称BISの元チーフ・エコノミスト、ウィリアム・ホワイト氏――彼はリーマン・ショックを事前に当てていた数少ない専門家の一人――が最近、とんでもない予言を言い始めた。「現在の状況はリーマン直前の2007年より深刻である。世界中に巨大な債務不履行の波が押し寄せるだろう。世界の金融システムが大変不安定な状況となっており、世界は"大量破綻"に直面することだろう!!」

そうなった場合、欧米ゾンビ企業向けローンを元に作られた合成派生商品"CLO"を大量購入し、400兆円以上を海外に投融資している邦銀は、危機的というより致命的状況に直面することだろう。その点について最近、米ボストン連銀総裁のローゼングレン氏は「邦銀の大量のCLO保有は将来大変なリスクを生むかもしれない」と警告を発している。というわけで、次にやってくる危機の規模は、邦銀にとってリーマン・ショックの10倍以上となるかもしれない。その時、あなたの預貯金は重大なリスクにさらされる。最悪、戻ってこないかもしれない。

いよいよ真剣な情報収集と不測の事態に備えた万全の準備をすべき時期に来た。

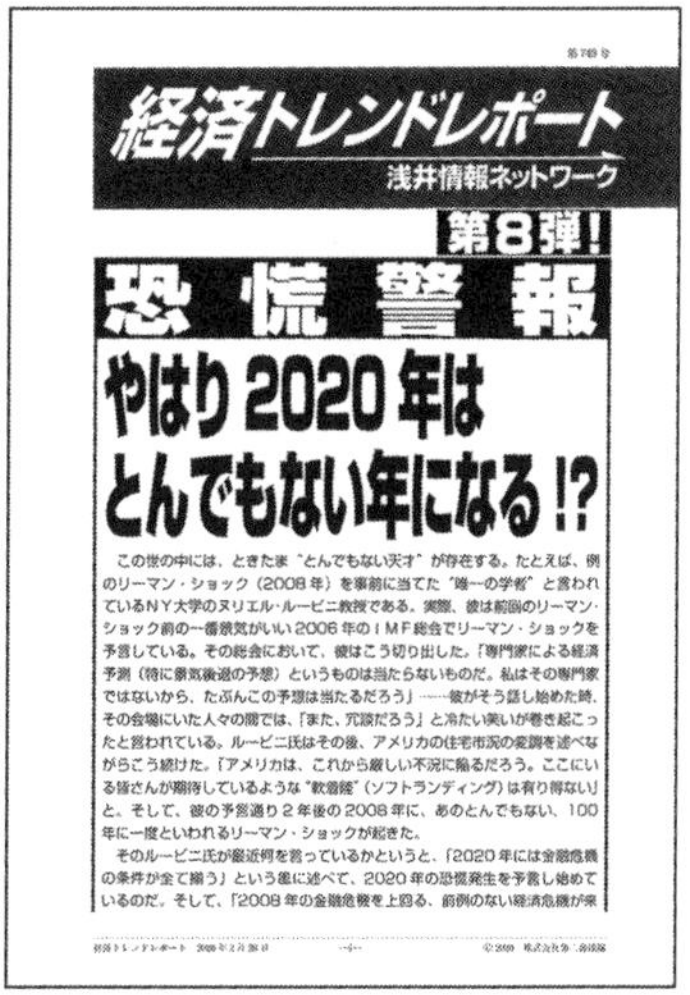
経済トレンドレポート
浅井情報ネットワーク

第8弾！

恐慌警報

やはり2020年はとんでもない年になる!?

この世の中には、ときたま"とんでもない天才"が存在する。たとえば、例のリーマン・ショック（2008年）を事前に当てた"唯一の学者"と言われているNY大学のヌリエル・ルービニ教授である。実際、彼は前回のリーマン・ショック前の一番景気がいい2006年のIMF総会でリーマン・ショックを予言している。その総会において、彼はこう切り出した。「専門家による経済予測（特に景気後退の予想）というものは当たらないものだ。私はその専門家ではないから、たぶんこの予想は当たるだろう」……彼がそう話し始めた時、その会場にいた人々の間では、「また、冗談だろう」と冷たい笑いが巻き起こったと言われている。ルービニ氏はその後、アメリカの住宅市況の変調を述べながらこう続けた。「アメリカは、これから厳しい不況に陥るだろう。ここにいる皆さんが期待しているような"軟着陸"（ソフトランディング）は有り得ない」と。そして、彼の予言通り2年後の2008年に、あのとんでもない、100年に一度といわれるリーマン・ショックが起きた。

そのルービニ氏が最近何を言っているかというと、「2020年には金融危機の条件が全て揃う」という風に述べて、2020年の恐慌発生を予言し始めているのだ。そして、「2008年の金融危機を上回る、前例のない経済危機が来

今回のコロナ恐慌を当てていた、非常に価値のあるレポート。個人でも法人でも、これだけは最低限お読みいただきたい。

恐慌・国家破産への実践的な対策を伝授する会員制クラブ

◆「自分年金クラブ」「ロイヤル資産クラブ」「プラチナクラブ」

国家破産対策を本格的に実践したい方にぜひお勧めしたいのが、第二海援隊の一〇〇%子会社「株式会社日本インベストメント・リサーチ」（関東財務局長（金商）第九二六号）が運営する三つの会員制クラブ（**「自分年金クラブ」「ロイヤル資産クラブ」「プラチナクラブ」**）です。

まず、この三つのクラブについて簡単にご紹介しましょう。**「自分年金クラブ」**は資産一〇〇〇万円未満の方向け、**「ロイヤル資産クラブ」**は資産一〇〇〇万～数千万円程度の方向け、そして最高峰の**「プラチナクラブ」**は資産一億円以上の方向け（ご入会条件は資産五〇〇〇万円以上）で、それぞれの資産規模に応じた魅力的な海外ファンドの銘柄情報や、国内外の金融機関の活用法に関する情報を提供しています。

恐慌・国家破産は、なんと言っても海外ファンドや海外口座といった「海外の活用」が極めて有効な対策となります。特に海外ファンドについては、私たちは早くからその有効性に注目し、二〇年以上にわたって世界中の銘柄を調査してまいりました。本物の実力を持つ海外ファンドの中には、恐慌や国家破産といった有事に実力を発揮するのみならず、平時には資産運用としても魅力的なパフォーマンスを示すものがあります。こうした情報を厳選してお届けするのが、三つの会員制クラブの最大の特長です。

その一例をご紹介しましょう。三クラブ共通で情報提供する「ATファンド」は、先進国が軒並みゼロ金利というこのご時世にあって、年率六〜七％の収益を安定的に挙げています。これは、たとえば三〇〇万円を預けると毎年約二〇万円の収益を複利で得られ、およそ一〇年で資産が二倍になる計算となります。しかもこのファンドは、二〇一四年の運用開始から一度もマイナスを計上したことがないという、極めて優秀な運用実績を残しています。日本国内の投資信託などではとても信じられない数字ですが、世界中を見渡せばこうした優れた銘柄はまだまだあるのです。

冒頭にご紹介した三つのクラブでは、「ATファンド」をはじめとしてより高い収益力が期待できる銘柄や、恐慌などの有事により強い力を期待できる銘柄など、様々な魅力を持ったファンド情報をお届けしています。なお、資産規模が大きいクラブほど、取扱銘柄数も多くなっております。

また、ファンドだけでなく金融機関選びも極めて重要です。単に有事にも耐え得る高い信頼性というだけでなく、各種手数料の優遇や有利な金利が設定されている、日本に居ながらにして海外の市場と取引ができるなど、金融機関も様々な特長を持っています。こうした中から、各クラブでは資産規模に適した、魅力的な条件を持つ国内外の金融機関に関する情報を提供し、またその活用方法についてもアドバイスしています。

その他、国内外の金融ルールや国内税制などに関する情報など資産防衛に有用な様々な情報を発信、会員様の資産に関するご相談にもお応えしております。

浅井隆が長年研究・実践してきた国家破産対策のノウハウを、ぜひあなたの大切な資産防衛にお役立て下さい。
詳しいお問い合わせは「㈱日本インベストメント・リサーチ」まで。
TEL：〇三（三二九一）七二九一　FAX：〇三（三二九一）七二九二
Eメール：info@nihoninvest.co.jp

◆「オプション研究会」

「コロナ恐慌」の到来によって、世界はまったく新たな激動の局面に突入しました。この深刻な危機に対し、世界各国で「救済」という名のバラ撒きが加速しています。しかしながら、これは「超巨大恐慌」という私たちの想像を絶する怪物を呼び寄せる撒き餌に他なりません。この異形の怪物は、日頃は鳴りを潜めていますが、ひとたび登場すれば私たちの生活を完膚なきまでに破壊し、資産を根こそぎ奪い去るだけに留まりません。最終的には国家すら食い殺し、破綻させるほどに凶暴です。そして、次にこの怪物が登場した時、その犠牲の筆頭となる国は、天文学的な政府債務を有する日本になるでしょう。

このように、国家破産がいよいよ差し迫った危機になってくると、ただ座しているだけでは資産を守り、また殖やすことは極めて難しくなります。これからは様々な投資法や資産防衛法を理解し、必要に応じて実践できるかが生き残りのカギとなります。つまり、投資という武器を上手く使いこなすことこそが、激動の時代の「必須のスキル」となるのです。

しかし、考え方を変えれば、これほど変化に富んだ、そして一発逆転すら可能な時代もないかもしれません。必要なスキルを身に付け、この状況を果敢に乗りこなせば、大きなチャンスを手にすることもできるわけです。積極的に打って出るのか、はたまた不安と恐怖に駆られながら無為に過ごすのかは、「あなた次第」なのです。

現代は、実に様々な投資を誰でも比較的容易に実践することができます。しかしながら、それぞれの投資方法には固有の勘どころがあり、また魅力も異なります。戦国の世には様々な武器がありましたが、それらの武器にも勘どころや強みが異なっていたのとまさに同じというわけです。そして、これから到来する恐慌・国家破産時代において、最もその威力と輝きを増す「武器」こそが「オプション取引」というわけです。本書でも触れている「オプション取引」の魅力を今一度確認しておきましょう。

・非常に短期（数日〜一週間程度）で数十倍〜数百倍の利益を上げることも可能
・「買い建て」取引のみに限定すれば、損失は投資額に限定できる
・恐慌、国家破産などで市場が大荒れするほどに収益機会が広がる
・最低投資額は一〇〇〇円（取引手数料は別途）
・株やＦＸと異なり、注目すべき銘柄は基本的に「日経平均株価」の動きのみ
・給与や年金とは分離して課税される（税率約二〇％）

もちろん、いかに強力な「武器」でも、上手く使いこなすことが重要です。もしあなたが、これからの激動期に「オプション取引」で挑んでみたいとお考えであれば、第二海援隊グループがその習熟を「情報」と「助言」で強力に支援いたします。二〇一八年一〇月に発足した「オプション研究会」では、オプション取引はおろか株式投資など他の投資経験もないという方にも、道具の揃

え方から基本知識の伝授、投資の心構え、市況変化に対する考え方や収益機会の捉え方など、初歩的な事柄から実践に至るまで懇切丁寧に指導いたします。これからの「恐慌経由、国家破産」というピンチをチャンスに変えようという意欲がある方のご入会を心よりお待ちしています。

㈱日本インベストメント・リサーチ「オプション研究会」担当 山内・稲垣・関
TEL：〇三（三二九一）七二九一　FAX：〇三（三二九一）七二九二
Eメール：info@nihoninvest.co.jp

まずは対策の手はじめに参加・体験・聴講してみませんか

◆「オプション取引」習熟への近道を知るための「セミナーDVD・CD」発売中

「オプション取引」の習熟を全面支援し、また取引に参考となる市況情報なども提供する「オプション研究会」。その概要を知ることができる「DVD・C

D」を用意しています。

■「オプション研究会 無料説明会 受講DVD／CD」■

浅井隆自らがオプション投資の魅力と活用のポイントについて解説し、また専任スタッフによる「オプション研究会」の具体的内容を説明した「オプション研究会 無料説明会」（二〇一八年一二月一五日開催）の模様を収録したDVD・CDです。「浅井隆からのメッセージを直接聞いてみたい」「オプション研究会への理解を深めたい」という方は、ぜひご入手下さい。

「オプション研究会 無料説明会 受講DVD／CD」（約一六〇分）

価格　DVD　三〇〇〇円（送料込）
　　　CD　　二〇〇〇円（送料込）

※お申込み確認後約一〇日で代金引換にてお届けいたします。

DVD・CDに関するお問い合わせは、「㈱日本インベストメント・リサーチ オプション研究会担当」まで。

TEL：〇三（三二九一）七二九一　FAX：〇三（三二九一）七二九二

Eメール：info@nihoninvest.co.jp

◆「ダイヤモンド投資情報センター」

現物資産を持つことで資産保全を考える場合、小さくて軽いダイヤモンドは持ち運びも簡単で、大変有効な手段と言えます。近代画壇の巨匠・藤田嗣治は第二次世界大戦後、混乱する世界を渡り歩く際、資産として持っていたダイヤモンドを絵の具のチューブに隠して持ち出し、渡航後の糧にしました。金《きん》（ゴールド）だけの資産防衛では不安という方は、ダイヤモンドを検討するのも一手でしょう。

しかし、ダイヤモンドの場合、金《きん》とは違って公的な市場が存在せず、専門の鑑定士がダイヤモンドの品質をそれぞれ一点ずつ評価して値段が決まるため、売り買いは金《きん》に比べるとかなり難しいという事情があります。そのため、信頼できる専門家や取扱店と巡り合えるかが、ダイヤモンドでの資産保全の成否の分かれ目です。

そこで、信頼できるルートを確保し業者間価格の数割引という価格での購入が可能で、ＧＩＡ（米国宝石学会）の鑑定書付きという海外に持ち運んでも適正価格での売却が可能な条件を備えたダイヤモンドの売買ができる情報を提供いたします。

ご関心がある方は「ダイヤモンド投資情報センター」にお問い合わせ下さい。

ＴＥＬ：〇三（三二九一）六一〇六　担当：大津

◆『浅井隆と行くニュージーランド視察ツアー』

南半球の小国でありながら独自の国家戦略を掲げる国、ニュージーランド。浅井隆が二〇年前から注目してきたこの国が今、「世界で最も安全な国」として世界中から脚光を浴びています。核や自然災害の脅威、資本主義の崩壊に備え、世界中の大富豪がニュージーランドに広大な土地を購入し、サバイバル施設を建設しています。さらに、財産の保全先（相続税、贈与税、キャピタルゲイン課税がありません）、移住先としてもこれ以上の国はないかもしれません。

そのニュージーランドを浅井隆と共に訪問する、「浅井隆と行くニュージーランド視察ツアー」を毎年一一月に開催しております（なお、二〇二〇年一一月のニュージーランドツアーは新型コロナウイルスの影響により中止となりました）。現地では、浅井の経済最新情報レクチャーもございます。内容の充実した素晴らしいツアーです。ぜひ、ご参加下さい。

ＴＥＬ：〇三（三二九一）六一〇六　担当：大津

◆浅井隆のナマの声が聞ける講演会

著者・浅井隆の講演会を開催いたします。二〇二一年は東京・一月一六日（土）、名古屋・四月九日（金）、大阪・四月二三日（金）、東京・五月一四日（金）を予定しております。経済の最新情報をお伝えすると共に、生き残りの具体的な対策を詳しく、わかりやすく解説いたします。

活字では伝えることのできない肉声による貴重な情報にご期待下さい。

詳しいお問い合わせ先は、㈱第二海援隊まで。

■第二海援隊連絡先
TEL：〇三（三二九一）六一〇六　FAX：〇三（三二九一）六九〇〇
Eメール：info@dainikaientai.co.jp

◆第二海援隊ホームページ

第二海援隊では様々な情報をインターネット上でも提供しております。詳しくは「第二海援隊ホームページ」をご覧下さい。私ども第二海援隊グループは、皆さんの大切な財産を経済変動や国家破産から守り殖やすためのあらゆる情報提供とお手伝いを全力で行ないます。

また、浅井隆によるコラム「天国と地獄」を一〇日に一回、更新中です。経済を中心に長期的な視野に立って浅井隆の海外をはじめ現地生取材の様子をレポートするなど、独自の視点からオリジナリティあふれる内容をお届けします。

ホームページアドレス：http://www.dainikaientai.co.jp/

第二海援隊
HPはこちら

〈参考文献〉

【新聞・通信社】

『日本経済新聞』『毎日新聞』『朝日新聞』『産経新聞』『日経ヴェリタス』
『ブルームバーグ』『ロイター』

【書籍】

『国家は破綻する』（カーメン・ラインハート＋ケネス・ロゴブ　日経ＢＰ社）
『経済成長という呪い』（ダニエル・コーエン　東洋経済新報社）
『未来を読む』（大野和基インタビュー・編　PHP 研究所）

【拙著】

『国家破産で起きる 36 の出来事』（第二海援隊）
『ベネズエラ突撃取材』（第二海援隊）『すさまじい時代〈上〉』（第二海援隊）
『ギリシャの次は日本だ！』（第二海援隊）『2020 年の衝撃』（第二海援隊）
『10 万円を 10 年で 10 億円にする方法』（第二海援隊）
『恐慌と国家破産を大チャンスに変える！』（第二海援隊）
『あなたの老後、もうありません！』（第二海援隊）

【その他】

『金融審議会　市場ワーキング・グループ「高齢者における資産形成・管理」報告書（案）』
『金融審議会　市場ワーキング・グループ報告書「高齢社会における資産形成・管理」』

【ホームページ】

フリー百科事典『ウィキペディア』
『首相官邸』『総務省統計局』『内閣府』『厚生労働省』『金融庁』
『年金積立金管理運用独立行政法人（GPIF）』『国立国会図書館』
『独立行政法人労働政策研究・研修機構』『東京都産業労働局』
『公益財団法人生命保険文化センター』『一般社団法人日本経済団体連合会』
『金融広報中央委員会「知るぽると」』『みずほ総合研究所』『大和総研』
『ダイヤモンドオンライン』『東洋経済オンライン』『時事通信社』『CNBC』
『ZUU online』『現代ビジネス』『日経ビジネス』『日経 DUAL』『ハフポスト』
『フランスの出生数回復の分解』『フランス国立統計経済研究所』『BBC』
『ウォールストリート・ジャーナル電子版』『フィナンシャルタイムズ』
『ニューズウィーク』『WEDGE Infinity』『コトバンク』『知恵蔵』
『NEWS ポストセブン』『マネーポスト WEB』『Viewpoint』『みんなの介護』
『テレビ朝日「報道ステーション」』『社会実情データ図録』『大紀元時報』
『ハンギョレ』『朝鮮日報』『中央日報』『税理士ドットコム』
『ニッポンドットコム』

〈著者略歴〉
浅井　隆　（あさい　たかし）
経済ジャーナリスト。1954 年東京都生まれ。学生時代から経済・社会問題に強い関心を持ち、早稲田大学政治経済学部在学中に環境問題研究会などを主宰。一方で学習塾の経営を手がけ学生ビジネスとして成功を収めるが、思うところあり、一転、海外放浪の旅に出る。帰国後、同校を中退し毎日新聞社に入社。写真記者として世界を股にかける過酷な勤務をこなす傍ら、経済の猛勉強に励みつつ独自の取材、執筆活動を展開する。現代日本の問題点、矛盾点に鋭いメスを入れる斬新な切り口は多数の月刊誌などで高い評価を受け、特に 1990 年東京株式市場暴落のナゾに迫る取材では一大センセーションを巻き起こす。
その後、バブル崩壊後の超円高や平成不況の長期化、金融機関の破綻など数々の経済予測を的中させてベストセラーを多発し、1994 年に独立。1996 年、従来にないまったく新しい形態の 21 世紀型情報商社「第二海援隊」を設立し、以後約 20 年、その経営に携わる一方、精力的に執筆・講演活動を続ける。2005 年 7 月、日本を改革・再生するための日本初の会社である「再生日本 21」を立ち上げた。主な著書:『大不況サバイバル読本』『日本発、世界大恐慌！』（徳間書店）『95 年の衝撃』（総合法令出版）『勝ち組の経済学』（小学館文庫）『次にくる波』（PHP 研究所）『Human Destiny』（『９・11 と金融危機はなぜ起きたか !?〈上〉〈下〉』英訳）『いよいよ政府があなたの財産を奪いにやってくる !?』『預金封鎖、財産税、そして 10 倍のインフレ !!〈上〉〈下〉』『世界中の大富豪はなぜＮＺに殺到するのか !?〈上〉〈下〉』『円が紙キレになる前に金を買え！』『元号が変わると恐慌と戦争がやってくる !?』『有事資産防衛　金か？　ダイヤか？』『第２のバフェットか、ソロスになろう !!』『浅井隆の大予言〈上〉〈下〉』『2020 年世界大恐慌』『北朝鮮投資大もうけマニュアル』『この国は 95%の確率で破綻する !!』『徴兵・核武装論〈上〉〈下〉』『100 万円を６ヵ月で２億円にする方法！』『最後のバブルそして金融崩壊』『恐慌と国家破産を大チャンスに変える！』『国家破産ベネズエラ突撃取材』『都銀、ゆうちょ、農林中金まで危ない !?』『10 万円を 10 年で 10 億円にする方法』『私の金が売れない！』『株大暴落、恐慌目前！』『2020 年の衝撃』『デイトレ・ポンちゃん』『新型肺炎発世界大不況』『恐慌からあなたの預金を守れ !!』『世界同時破産！』『コロナ大不況生き残りマニュアル』『コロナ恐慌で財産を 10 倍にする秘策』『巨大インフレと国家破産』（第二海援隊）など多数。

年金ゼロでやる老後設計　本当は 2000 万円ではなく１億円足りない !?

2020 年 11 月 25 日　初刷発行

著　者　浅井　隆
発行者　浅井　隆
発行所　株式会社　第二海援隊
〒 101-0062
東京都千代田区神田駿河台２-５-１　住友不動産御茶ノ水ファーストビル８Ｆ
電話番号　03-3291-1821　　ＦＡＸ番号　03-3291-1820

印刷・製本／中央精版印刷株式会社

ISBN978-4-86335-203-2
Printed in Japan
乱丁・落丁本はお取り替えいたします。

第二海援隊発足にあたって

日本は今、重大な転換期にさしかかっています。にもかかわらず、私たちはこの極東の島国の上で独りよがりのパラダイムにどっぷり浸かって、まだ太平の世を謳歌しています。

しかし、世界はもう動き始めています。その意味で、現在の日本はあまりにも「幕末」に似ているのです。ただ、今の日本人には幕末の日本人と比べて、決定的に欠けているものがあります。それこそ、志と理念です。現在の日本は世界一の債権大国（＝金持ち国家）に登り詰めはしましたが、人間の志と資質という点では、貧弱な国家になりはててしまいました。それこそが、最大の危機といえるかもしれません。

そこで私は「二十一世紀の海援隊」の必要性を是非提唱したいのです。今日本に必要なのは、技術でも資本でもありません。志をもって大変革を遂げることのできる人物と、それを支える情報です。まさに、情報こそ〝力〟なのです。そこで私は本物の情報を発信するための「総合情報商社」および「出版社」こそ、今の日本に最も必要と気付き、自らそれを興そうと決心したのです。

しかし、私一人の力では微力です。是非皆様の力をお貸しいただき、二十一世紀の日本のために少しでも前進できますようご支援、ご協力をお願い申し上げる次第です。

浅井　隆